Stormie Omartian

Publicado por
Unilit
Miami, FL 33172

© 2006 Editorial Unilit (Spanish translation)
Primera edición 2006
Primera edición 2015 (Serie Bolsillo)

© 2005 por Stormie Omartian
Originalmente publicado en inglés con el título:
The Power of a Praying® Kid
por Harvest House Publishers
Eugene, Oregon 97402
www.harvesthousepublishers.com
Todos los derechos reservados.

THE POWER OF PRAYING (*El poder de orar*) es una marca registrada de The Hawkins Children's LLC. Harvest House Publishers, Inc., tiene la licencia exclusiva de la marca registrada federalmente THE POWER OF PRAYING.

Reservados todos los derechos. Ninguna porción ni parte de esta obra se puede reproducir, ni guardar en un sistema de almacenamiento de información, ni transmitir en ninguna forma por ningún medio (electrónico, mecánico, de fotocopias, grabación, etc.) sin el permiso previo de los editores.

Traducción: Nancy Pineda
Revisión: Rojas & Rojas Editores, Inc.
Portada: Koechel Peterson & Associates, Inc., Minneapolis, Minnesota

A menos que se indique lo contrario, el texto bíblico ha sido tomado de la Santa Biblia, *Nueva Versión Internacional* ®NVI®. Propiedad literaria © 1999 por Bíblica, Inc. ™. Usado con permiso. Reservados todos los derechos mundialmente.
El texto bíblico señalado con RV-60 ha sido tomado de la versión Reina-Valera © 1960 Sociedades Bíblicas en América Latina; © renovado 1988 Sociedades Bíblicas Unidas. Utilizado con permiso.
Reina-Valera 1960® es una marca registrada de la American Bible Society, y se puede usar solamente bajo licencia.
Las citas bíblicas señaladas con DHH se tomaron de *Dios habla hoy*®, Tercera edición © Sociedades Bíblicas Unidas, 1966, 1970, 1979, 1983, 1996.
Dios habla hoy® es una marca registrada de Sociedades Bíblicas Unidas y puede ser usada solo bajo licencia.
Las citas bíblicas señaladas con TLA se tomaron del Texto bíblico: *Traducción en lenguaje actual*® © Sociedades Bíblicas Unidas, 2002, 2004.
Traducción en lenguaje actual® es una marca registrada de Sociedades Bíblicas Unidas y puede ser usada solo bajo licencia.
Usadas con permiso.

Producto 499162 • ISBN 0-7899-2226-6 • ISBN 978-0-7899-2226-7

Impreso en Colombia / *Printed in Colombia*

Categoría: Jóvenes /Interés juvenil /General
Category: Youth /Youth Interests /General

CONTENIDO

A todos los que aman a los niños 5

1 Yo hablo con Dios y Él me escucha.................. 9

2 Yo oro a Dios cuando tengo miedo 19

3 Yo le cuento a Dios si estoy dolido 29

4 Yo le pido a Dios que me ayude cuando es difícil orar ... 39

5 Yo le pido a Dios por mis amigos, familia y otros 45

6 Yo le pido a Dios que me ayude a hacer lo correcto 55

7 Yo oro a Dios por las cosas que me preocupan 63

8 Yo le digo a Dios que es difícil esperar las respuestas..... 71

9 Le doy gracias a Dios por todos sus regalos 79

10 Yo hablo con Dios sobre mi futuro y mi propósito...... 87

Mi diario de oración 95

AGRADECIMIENTO ESPECIAL

Nos gustaría darles gracias a los siguientes niños por rellenar cuestionarios para este libro:

Aarón, Abby, Alex, Amanda, Andi, Austin, Benjamín, Carlie, Chris, Christian, Christopher, Claire, Cory, Corynna, Courtney, Danielle, Dillon, Dylan, Emily, Emma, Gage, Jason, Jessee, Jessica, Jonathan, Joshua, Helen, Kaitlyn, Kathryn, Katie, Kayla, Kaylie, Landrie, Lily, Madisen, Mandy, Michaela, McKenzie, Miranda, Miro, Nicole, Ramzi, Samantha, Savannah, Sierra, Simone, Sophia y Tucker.

Aunque algunos de los nombres citados no aparecen en el texto, cada contribución de estos niños fue muy valiosa para la autora, la editorial y el libro mismo. Muchísimas gracias a todos.

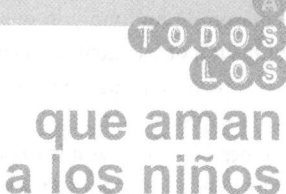

que aman a los niños

Queridos *mamá o papá, abuelo o abuela, tía o tío, maestro o cuidador, o cualquiera que sienta lo que siente el Padre por el niño que lea este libro*:

Dios quiere hablar con los niños. Los niños quieren hablar con Dios. Y nunca es demasiado pronto para enseñarles cómo hacerlo. No importa la edad que tenga un niño, nunca es demasiado pequeño para aprender a orar.

Se han escrito muchos libros maravillosos sobre la oración, pero la mayoría de ellos son para adultos. ¿Por qué deben ser los adultos los que reciben siempre todos los libros buenos? ¿Son las oraciones de los adultos más poderosas que las de los niños? No necesariamente. Conozco a muchos niños que tienen una fe fuerte y gran entendimiento de cómo orar. Sus oraciones son más poderosas que las de un adulto cuya fe es débil y que apenas habla con Dios. Ningún adulto debe subestimar jamás lo poderosas que pueden ser las oraciones de un niño. Eso se debe a que el poder de las oraciones de un niño es el mismo que el de un adulto. Es el poder de *Dios*. Si la fe es la chispa que enciende ese poder, no existe límite para cuán brillante arderá la llama en el corazón de un niño y lo que Dios puede hacer en respuesta. ¿Qué importa lo grande o pequeña que sea la persona que ora?

Los niños tienden a tener una fe pura. Están listos para creer a Dios y están dispuestos a confiar que Él va a responder sus oraciones. No tienen las mismas dudas y preguntas sobre la oración que tienen los adultos. A los niños se les puede enseñar fácilmente cómo orar, cómo darle gracias a Dios cuando responde sus oraciones y cómo discernir las respuestas a la oración cuando llegan de maneras inesperadas. Solo necesitan saber que Dios es real, que Él escucha sus oraciones y que Él las responderá.

Los chicos tienen pasión. A medida que tienen más edad, más crece esa pasión. Y tú puedes estar seguro que usarán su pasión para algo, ya sea para bien o para mal. Sin embargo, puedes ayudarlos a sacar el mejor provecho de esa pasión y usarla para el Señor enseñándoles a tener una relación franca, sincera, entrañable e íntima con Dios mientras son pequeños. Mientras más pequeños comiencen, menos problemas tendrán en mantener una activa vida de oración cuando sean mayores. No pienses que tu hijo es demasiado pequeño para entregarle su vida a Dios. Sin duda, el *enemigo* no piensa que tu hijo es demasiado pequeño para dedicar su vida a realizar los planes que tiene para él. Es más fácil enseñarle a un niño a orar que más tarde rescatarlo de una situación difícil que bien se pudo haber evitado orando por el asunto.

Si quieres ver a Dios moverse de una manera especial en tu hijo, enséñale a hablar con su Padre celestial. Este libro ayudará. Los niños no pueden tener una relación cercana con Dios a menos que adquieran la costumbre de comunicarse con Él en oración. Te asombrarás cuando tu hijo comience a orar solo. Nada te emocionará más que escuchar una oración inspirada por el Espíritu Santo saliendo de su boca.

Dios quiere que los adultos vayan a Él como niños: con franqueza, con sinceridad, sin sentir vergüenza y con pasión. Podemos aprender muchísimo de los niños acerca de esto. Los niños pueden aprender muchísimo de nosotros cuando nos ven y escuchan orar. Los niños en tu vida siempre están observando lo que haces. Invítalos a ser una parte de tus oraciones. Ora con ellos y por ellos. Los niños se llenan con facilidad del amor de Dios y están dispuestos a manifestarlo, así que anímalos a que oren por otros también. Y ni siquiera dudes en pedirles a tus hijos que oren por *ti*. La oración por ti los anima a ser parte de una activa y vital vida de oración. La oración regular les parece algo natural, parte de uno mismo. Les ayuda a hacer de la oración una forma de vida. Además, nunca se sabe cuándo *tú* pudieras necesitar una oración tan poderosa, pura y llena de fe como la de un niño.

Asegúrate de decirles a tus hijos que con gusto orarás con ellos siempre que lo deseen. Algunas veces se te revelará más sobre ellos y lo que está pasando en sus vidas en una sencilla petición de oración, y llegarás a comprender lo que quizá no hubieras comprendido de otra manera. Si nunca antes has orado con ellos, discúlpate por eso y diles que ahora pretendes compensar el tiempo perdido. Los niños apreciarán tus oraciones y tú ganarás una relación más profunda con ellos.

En este libro aparecen muchos ejemplos de niños que oraron y Dios respondió la oración. Existen numerosas descripciones, explicaciones y definiciones de la oración que tienen que ver con la vida, la edad y el entorno de un niño. Hay historias de oraciones que proceden de la Biblia. También se incluyen ejemplos de oraciones que pueden hacerse con relación a circunstancias específicas. Además, hay lugares en los que un niño puede escribir sus propias oraciones. Todo esto animará al niño a orar de corazón y a desarrollar una significativa y fructífera vida de oración.

Yo enseñé a mis hijos a orar al hacerlo primero por *ellos*. Me escuchaban orar e imitaban lo que yo hacía. Luego los ponía a orar solos. Oraciones pequeñas al principio. Por la pata adolorida del perro. Por un amigo de la escuela. Por un examen que tenían que hacer. Por la protección de Dios. Y vimos muchísimas respuestas a esas oraciones. Nunca he dudado en tener a mis hijos orando por mí o por otros, por cosas que sabía que podían comprender a la edad que tenían. Ya mis hijos son adultos, y no tengo que pedirles que oren. Solo lo hacen. La oración es una parte importante de su vida.

Recuerdo cuando mi hijo tenía diez años y yo tenía un fortísimo dolor de cabeza. Vino a mi habitación y me dijo: «¿Puedo orar por ti, mamá?». Me encantó que *me* lo pidiera antes de que tuviera una oportunidad de pedírselo. Poco después que oró, el dolor de cabeza desapareció.

Nunca subestimes el poder de un niño que ora.

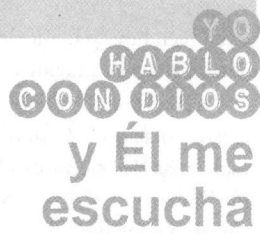

YO HABLO CON DIOS y Él me escucha

¿Sabías que puedes hablar con Dios? Pues sí, puedes hacerlo. *Hablar con Dios es orar. La oración es comunicarse uno con Dios.* A Dios le encanta cuando tú hablas con Él. Y no importa el momento que sea, ni dónde estés, Él siempre espera tener noticias de ti.

Dios dice que puedes ir a Él a cualquier hora que quieras. Ni siquiera tienes que tener un motivo especial. Al igual que no tienes que tener un motivo especial para conversar con tus amigos. Solo hablas con ellos porque te caen bien. Tú también puedes hablar con Dios como amigo. Es que Él *es* tu amigo. Dios dice que si lo amas, Él te llamará *su* amigo. Tú puedes hablar con Dios solo porque quieres estar con tu amigo.

¿Cómo se ora?

Tú puedes orar en voz alta o baja. Eso significa que puedes orar tan alto que todos los que están a tu alrededor pueden escucharte. O puedes orar tan bajito que solo tú y Dios pueden escuchar. Dios incluso te escucha cuando oras en silencio en tu mente. Puedes orar en tu mente: «Señor, ayúdame a que las cosas me vayan bien hoy» y Él puede escucharte. Eso se debe a que Dios escucha tus pensamientos.

La Biblia nos dice cómo orar. Nos dice lo poderosas que son nuestras oraciones. Cuando lees la Biblia, tu fe se fortalece y te resulta más fácil creer que Dios responderá tus oraciones. ¿Tienes una Biblia? _____. Si no la tienes, pídele a alguien que te compre alguna que a los chicos les sea fácil leer y comprender.

¿Dónde puedo orar?

Tú puedes orar en cualquier parte. Como puedes orar en voz alta o baja o incluso en silencio, puedes *orar* en cualquier parte que estés. Puedes orar mientras estás parado, corriendo, sentado, saltando o cuando estás acostado. Puedes orar en un cuarto ruidoso lleno de gente. Puedes orar solo en tu cama. Puedes orar en un auto mientras viajas a alguna parte. Puedes orar cuando estás sentado en silencio haciendo las tareas de la escuela. O puedes orar cuando estás afuera paseando o haciendo algo divertido. No importa dónde estés ni lo que estés haciendo, Dios siempre te escucha.

Cuando quieras mostrarle mucho amor y respeto a Dios, puedes ir a un lugar tranquilo, arrodillarte e inclinar la cabeza. Jesús hizo eso cuando quería mostrarle mucho amor y respeto a su Padre celestial. ¿Dónde oras tú más a menudo?

¿Cuándo puedo orar?

Tú puedes hablar con Dios en cualquier momento que quieras. De día o de noche. Es lo mismo que hablar por teléfono, solo que no tienes que marcar un número. Todo lo que tienes que hacer es decir su nombre y Él está allí para ti. ¿Verdad que es fácil?

Puedes incluso llamar a Dios en medio de la noche y Él estará allí. Puedes hacerlo en la cima de la montaña más alta. O en el medio del mar. O en otro país. Y Dios te oirá llamar y te contestará.

Nunca escucharás la señal de ocupado. Nunca te colgará el teléfono. Puesto que tus oraciones son muy importantes para Él, siempre tienes una línea directa al corazón de Dios.

A Dios le interesa lo que está en tu corazón. Le interesan tus preocupaciones. Cualquier cosa que te preocupe a ti le preocupa a Él. Dios dice que quiere que ores sin cesar (1 Tesalonicenses 5:17, RV-60). Eso significa que Él quiere que ores a menudo. Eso no quiere decir que ores en cada instante. Solo significa que debes orar siempre que pienses que algo necesita oración.

> **Lugares donde oran la mayoría de los chicos**
>
> - «En mi cuarto»: Benjamín (9 años)
> - «En la iglesia»: Christopher (7 años)
> - «En mi camino a la escuela»: Kaylie (11 años)
> - «En la cama en la noche»: Alex (11 años)
> - «En la mesa del comedor»: Cory (7 años)
> - «En el automóvil»: Miranda (10 años)
> - «En la ducha»: Samantha (9 años)
> - «En cualquier parte»: Corynna (8 años)
> - «En los restaurantes»: Dylan (10 años)
> - «En la escuela»: Austin (10 años)
> - «Al lado de mi cama»: Sophia (8 años)
> - «En la casa»: Danielle (8 años)
> - «En todas partes»: Jessee (12 años)
> - «Donde esté en ese momento»: Landrie (10 años)

Es como decir: «Señor, ayúdame a salir bien en este examen». «Señor, bendice hoy a mi mamá y a mi papá en el trabajo». «Señor, cuídame». «Señor, ayúdame a jugar lo mejor que pueda en el juego del sábado». «Señor, pon bien a mi amigo». Orar es decirle a Dios todo lo que puedas pensar en cualquier momento que lo pienses.

¿Qué dijo Jesús sobre los niños?

De todas las personas del mundo, los niños son las que más Dios aprecia. La Biblia nos dice lo mucho que Jesús amaba a los niños de todas las edades. Cuando Jesús vivía en la tierra, no permitía que sus discípulos impidieran que los niños se le acercaran. Una vez había allí mucha gente que llevaba a sus niños solo para que Jesús los tocara. Sus discípulos le dijeron a la gente que no lo molestaran así. Pero Jesús vio lo que estaba pasando y no le gustó lo que estaban haciendo sus discípulos. Les dijo: «Dejen que los niños vengan a mí, y no se lo impidan, porque el reino de Dios es de quienes son como ellos» (Marcos 10:14).

Son palabras muy fuertes. Eso quiere decir que todo lo que Dios tiene, Él te lo dará a ti porque eres un niño. Y si tú has invitado a Jesús a vivir en tu corazón, eres uno de sus chicos especiales. Tener a Jesús viviendo en tu corazón no significa que su cuerpo está dentro de tu cuerpo. Quiere decir que *su Espíritu* está dentro de *tu espíritu*. Cuando recibiste a Jesús, este envió su Espíritu Santo a morar dentro de ti en el lugar especial de tu corazón que Él designó para que se quedara su Espíritu.

Jesús también dijo a la gente y a sus discípulos que los adultos solo pueden entrar en su reino si van a Él como lo hacen los niños. Un niño se acerca a Jesús con confianza, amor, sinceridad, esperanza, alegría y entusiasmo. Los adultos tienen que aprender muchísimo de los niños.

Después que Jesús dijo todo eso a la gente y a sus discípulos, puso

---

Momentos en que la mayoría de los chicos quieren orar

- Cuando estoy solo.
- Cuando tengo miedo.
- Cuando mis familiares están heridos.
- Cuando mis amigos atraviesan un tiempo difícil.
- Cuando estoy en mi cuarto.
- Cuando ocurre algo malo.
- Cuando estoy triste.
- Cuando necesito algo de verdad.
- Cuando estoy solo en la creación de Dios.
- Cuando necesito hablar con Él.
- Cuando termino de leer la Biblia.
- Cuando me voy a la cama a dormir, para no tener sueños malos.

las manos sobre los niños y los bendijo. ¿Crees que es probable que los niños le abrieran el corazón a Jesús y lo recibieran ese día? _____.

Jesús quiere que le abras tu corazón y lo recibas también en tu vida. ¿Ya recibiste a Jesús en tu corazón? Si nunca has recibido a Jesús en tu corazón, ¿te gustaría hacerlo ahora? Si quieres recibir a Jesús, solo dile las siguientes palabras:

Señor Jesús, te amo. Te invito a entrar en mi corazón. Perdóname cualquier cosa mala que haya hecho. Enséñame cómo vivir siempre a tu manera.

Ahora escribe la fecha y tu edad, para que recuerdes siempre cuándo recibiste a Jesús:

Día _____ Mes ____ Año_____ Edad _____

Si ya recibiste a Jesús, escribe arriba la fecha y la edad en que lo recibiste. Si no recuerdas la fecha, solo escribe la edad que tenías cuando recibiste a Jesús.

Los niños son importantes para Dios

A todas las personas que creen en Jesús se les llama «el cuerpo de Cristo». La parte más importante de este cuerpo son los niños. Eso se debe a que los niños son puros.

Tengo un aparato enorme en casa. Una vez se me rompió y ya no funcionaba. Cuando el mecánico fue a arreglarlo, dijo que todo lo que necesitaba era una pieza pequeñita que se le había roto. El aparato era muy grande y la parte que estaba rota era muy pequeña, pero el aparato no podía funcionar sin ella.

El cuerpo de Cristo es como aquel enorme aparato. Los niños son como la pieza bien pequeñita. Dios dice que aunque cada pieza es importante, la más pequeña es la más importante. El gran aparato no funciona bien sin ella. Los niños son la parte más importante del cuerpo de Cristo porque tienen corazones puros y pueden recibir con facilidad el amor de Dios.

Un día los discípulos se acercaron a Jesús y le preguntaron: «¿Quién es el más importante en el reino de los cielos?» (Mateo 18:1). Entonces Jesús llamó a un niño y lo puso delante de ellos y respondió: «Les aseguro que a menos que ustedes cambien y se vuelvan como niños, no entrarán en el reino de los cielos» (Mateo 18:3). Y dijo también: «El que se humilla como este niño será el más grande en el reino de los cielos» (v. 4).

Eso quiere decir que para que alguien sea grande en el reino de los cielos, tiene que ser humilde y puro de corazón como lo es un niño.

Jesús le dijo a la gente algo más sobre los niños que es muy importante que sepas. Dijo que los adultos no deben despreciar a los niños porque sus ángeles siempre ven el rostro de su Padre en el cielo (Mateo 18:10, RV-60). Eso significa que tienes siempre un ángel guardián que vela por ti, y que está siempre tan cerca de Dios que puede verle el rostro. Eso quiere decir que eres muy importante para Dios.

Lo que oran los chicos

Querido Señor, oro por todo el mundo en mi familia.
Oro que sea más respetuosa con mis padres.
Oro para que sea agradecida por lo que tengo.

Landrie (diez años de edad)

Dios ama a todo el mundo, a los niños en especial

Dios ama a los niños. La Biblia lo dice así. Es por eso que Él siempre escucha la oración de un niño. Es más, a los adultos les dice que deben comenzar a actuar como niños en sus corazones si quieren que Dios escuche sus oraciones.

Estando en la tierra, Jesús dejó ver lo mucho que amaba a los niños. Acostumbraba levantarlos del suelo y cargarlos. Les ponía las manos encima y los bendecía. Y los ama igual ahora que está en el cielo. Él te amará mañana lo mismo que te ama hoy. Te amará de la misma manera todos los días. Dios dice que los niños son un regalo precioso que Él da, y es mejor que los adultos entiendan esto y no lo olviden .

Jesús dijo: «El que recibe en mi nombre a un niño como este, me recibe a *mí*» (Mateo 18:5, énfasis añadido). Eso significa que eres muy importante para Dios, y que Él te ama tanto que cada vez que alguien es bueno contigo, es como si fuera bueno con Dios. Y eso hace feliz a Dios.

Quizá seas pequeño, pero tus oraciones son importantes para Dios. Es por eso que cuando oras, pueden suceder cosas grandes.

Ora en el nombre de Jesús

Una de las cosas que Jesús nos dijo en la Biblia sobre la oración es que debemos orar en su nombre. Dijo: «Lo que pidan en mi nombre, yo lo haré» (Juan 14:14). El uso del nombre de Jesús nos da un montón de influencia con Dios.

Es como tocar en la puerta de alguien y decir: «Yo conozco a tu hijo, y él es muy amigo mío». Y ellos dicen: «Bueno, cualquier amigo de mi hijo es amigo mío. Entra y dime qué puedo hacer por ti». Cuando hablamos con Dios y decimos: «Oro en el nombre de Jesús», es como si le dijéramos a Dios: «Yo conozco a tu Hijo, y

Él es un amigo íntimo mío». Y es como si Dios nos respondiera: «Si tú conoces a mi Hijo, entra en mi presencia y dime lo que necesitas que haga por ti». Nuestras oraciones son más poderosas cuando oramos en el nombre de Jesús.

Cuando hablas con Dios, Él habla contigo

Cuando hablas con Dios, Él a veces te responde. No oyes su voz porque habla a tu corazón. Pero te dice cosas. Pudiera decirte que hagas esto o aquello. O que no vayas por *este* camino; ve mejor por este *otro* camino. O Él quizá te ayude a comprender algo. O pudiera darte una idea clara sobre qué hacer en una determinada situación. O quizá solo te diga lo mucho que te ama o cuán contento está contigo.

Algunas veces hablamos tanto cuando oramos que olvidamos guardar silencio unos momentos para permitirle a Dios que hable a nuestro corazón. Cuando oramos, es importante decir: «Señor, habla a mi corazón y dime lo que debo saber». Entonces espera por uno o dos minutos y mira a ver si Dios le dice algo a tu corazón. Él pudiera mostrarte algunas cosas más para orar acerca de las cuales no habías pensado.

Una vez se me perdió un libro importante que necesitaba, y no podía encontrarlo por ninguna parte. Estaba muy molesta por eso debido a que había pasado muchísimo tiempo buscándolo. Cuando oré y le pedí a Dios que me mostrara dónde estaba, vi un cuadro en mi mente del sofá de la sala. Corrí a ese lugar para mirar y, como lo esperaba, allí estaba el libro en el piso detrás del sofá. Olvidé que había puesto el libro en el respaldo del sofá antes de la cena, y que debía haberse caído detrás del sofá. Supe que Dios había hablado a mi corazón sobre esto y me había revelado dónde estaba.

Hubo un niño pequeño en la Biblia que *escuchó* la voz de Dios, pero no sabía quién era. Se llamaba Samuel. Se parecía mucho a nosotros. Dios algunas veces habla a nuestros corazones, pero no nos damos cuenta. No esperamos escucharlo, así que no comprendemos que Él está tratando de decirnos algo.

Dios respondió mi oración

Una vez perdí el papel de mi tarea de la escuela en la que había estado trabajando mucho. Tenía que entregarla a la mañana siguiente, así que oré con mi mamá para que Dios pudiera ayudarme a encontrarla. Él no respondió esa oración enseguida, pero a la mañana siguiente, cuando oré de nuevo, Dios me mostró en mi mente dónde buscarla. La encontré por casualidad pegada a algunos otros papeles donde no tenía que estar.

Amanda (diez años de edad)

Dios quiere hablar a tu corazón más de lo que tú te das cuenta. Siempre que hagas una oración en el nombre de Jesús, pídele a Dios que te hable. Luego dedica uno o dos minutos para escuchar, y aprenderás a escuchar su dulce y suave voz en tu corazón. Es posible que no escuches algo específico excepto una tranquilidad muy grande, y eso es suficiente.

MI ORACIÓN
a Dios

Querido Señor, te doy gracias porque me amas y me escuchas cuando hablo contigo. Ayúdame a aprender a orar más. Ayúdame a orar por todas las cosas. Gracias por tus respuestas a mis oraciones. Enséñame a escucharte cuando hablas a mi corazón y guíame cada día. Te lo pido en el nombre de Jesús.

Querido Señor, las otras cosas por las que quiero orar hoy son...

PALABRAS DE DIOS
para mí

Cualquier cosa que pidan en oración
la recibirán si de veras creen.

Mateo 21:22, LBD

cuando tengo miedo

YO ORO A DIOS

¿Has escuchado alguna vez la historia de David y Goliat? David era un jovencito judío que más tarde se convirtió en el rey de Israel. Goliat era un enorme gigante que era parte del ejército filisteo. Los filisteos eran los enemigos de Israel, y Goliat era su guerrero más fuerte. Él medía casi tres metros de alto. Todos los soldados del ejército de Israel le tenían mucho miedo.

Un día, los dos ejércitos se enfrentaron. Los filisteos estaban a un lado e Israel estaba al otro lado, y había un valle entre ellos. Goliat salió al valle y dijo en voz alta a los soldados de Israel: «Escojan a un hombre que pelee conmigo. Si él gana, nosotros seremos sus siervos. Pero si él pierde, ustedes serán *nuestros* siervos» (1 Samuel 17:8-9, parafraseado).

Goliat quería que alguien peleara con él cara a cara, pero nadie quería hacer eso. Todos le tenían demasiado miedo.

Ese mismo día David fue a llevarles pan a tres de sus hermanos que estaban en el ejército de Israel. Escuchó a Goliat alardeando de sí mismo. Goliat había estado saliendo a retar a los soldados del ejército de Israel cada mañana y cada tarde durante cuarenta días. A David no le gustó para nada que aquel gigante que no conocía a Dios estuviera desafiando a los hombres que *conocían* a Dios. Así que él se ofreció para ir a pelear contra Goliat.

«Yo he matado un león y un oso sin la ayuda de nadie», le dijo David al líder de Israel. «El Señor que me libró de ellos también me librará de este filisteo malvado» (1 Samuel 17:36-37, en mis propias palabras).

David tenía tal fe en Dios que ni siquiera le tenía miedo a Goliat. Sabía que Dios lo protegería.

David decidió no ponerse la armadura como el resto de los soldados porque era demasiado grande y pesada para él. En su lugar, solo tomó su honda y cinco piedras lisas que encontró en un arroyo cercano. Luego bajó con valor al valle para enfrentarse al gigante. Cuando Goliat lo vio, le faltó al respeto, lo maldijo y no lo tomó en serio. Veía a David como un simple muchacho y no comprendía que Dios estaba *con* David.

Cuando David se acercó lo suficiente a Goliat, hizo girar su honda y lanzó la piedra exactamente contra la cabeza del gigante. Goliat cayó a la tierra. David corrió, tomó la propia espada de Goliat y lo mató.

Cuando los filisteos vieron lo sucedido, se acobardaron muchísimo. Sabían que si el muchacho más pequeño en el ejército de Israel podía derribar al soldado más grande y más fuerte de su ejército, ellos no podrían escapar. Así que huyeron enseguida.

Aun cuando David era solo un jovencito, tenía gran fe en Dios. Creía que podía vencer porque Dios estaba de su lado. Y tenía razón.

¿Sabías que tus oraciones son como esa honda de David? Cuando enfrentes algún gigante en tu vida, como el gigante del temor, tú puedes orar y tu oración es como una honda y una piedra. Tu fe le da a esa piedra de oración poder y velocidad.

Cuando oras, puedes matar gigantes en tu vida. Tú puedes matar al gigante del temor. Debido a que Dios está de tu lado, tus oraciones son poderosas. Cuando oras, Dios está *contigo*, y por eso el enemigo tiene que huir.

Todos le tememos a algo

Los chicos de hoy en día tienen muchísimo temor. Lo sé porque he conversado con muchos de ellos. Y los chicos con los que hablé me contaron mucho de los *mismos* temores. Eso se debe a que hay muchas cosas a las cuales tenerles miedo en este mundo y los chicos lo saben. Es probable que no exista una sola persona en la tierra que no le tenga miedo a algo.

No todos los temores son malos. Algunos temores pueden impedir que hagas algo peligroso. Si le tienes miedo a caerte por un barranco, el temor impedirá que te acerques demasiado al borde. Sin embargo, cuando el temor se hace cargo de tu vida y no te deja dormir, o no te deja divertirte, o concentrarte, o no te deja hacer lo que Dios quiere que hagas, ese tipo de temor es malo. Ese tipo de temor te hace daño. Tienes que orar por las cosas que te dan miedo.

Lo que oran los chicos

Querido Señor, hoy estoy buscando en la Biblia algo sobre no tener miedo. Mi pasaje favorito es el Salmo 34. Tengo miedo de que alguien de mi familia muera. Guárdanos a todos nosotros a salvo, sin importar dónde estemos.

Miro (once años de edad)

Aun cuando existen muchas cosas que hay que temer, Dios no quiere que vivas en temor. Quiere que vayas a Él con tus temores.

Cada vez que sientas temor, quiere que se lo digas para quitarte el miedo y sustituirlo con su amor.

> **Dios respondió mi oración**
>
> *Volábamos a través del océano hacia el África y no me sentía segura viajando a un país distinto a Estados Unidos. Yo estaba muy nerviosa y oré a Dios muchísimas veces para que Él nos mantuviera saludables y a salvo. ¡Y así lo hizo!*
>
> Emily (diez años de edad)

Dios dice que su *perfecto amor* echa fuera todo temor. Eso significa que dondequiera que esté el amor de Dios, no puede estar el temor. Cuando oras, estás pidiendo la presencia y el amor de Dios en tu vida de una manera poderosa. Su presencia y amor echan fuera el temor.

Si no se te quita el miedo, pídele a otra persona que ore contigo, en especial a uno de tus padres u otro cristiano adulto en el que confías. Es muy eficaz orar con otra persona porque hace que el miedo se vaya más rápido. Eso se debe a que Dios dice que donde están dos o más personas reunidas en su nombre, Él está allí en medio de ellas (Mateo 18:19-20). Cuando oras con otra persona, aun si es una sola persona, Dios está allí en poder y su presencia echa fuera el temor.

Cuéntale a Dios sobre tu temor

Dios quiere quitarte todos tus temores. Es por eso que debes orar por todo lo que te da miedo. Cuando le dices a Dios lo que temes y le pides que te proteja, se lo estás encargando a Él. Estás colocando en *sus* manos todo lo que te da miedo.

Aun cuando las cosas que temes parecen mucho más grandes que tú, Dios es más grande que todas esas cosas juntas. Y Él siempre corre a salvarte cuando tú lo llamas. Si tú has estado hablando con Dios a menudo y has orado por las cosas a las que les tienes miedo, Él seguirá acudiendo a salvarte aun si alguna vez olvidaste orar.

Muchas veces, cuando tienes miedo, es difícil saber lo que es real y lo que es falso. Podríamos tener mucho miedo de que ocurra algo que quizá no hay peligro de que ocurra.

Lo que más temen los chicos

- Perder a uno de sus padres
- Que se esté muriendo algún familiar
- Que se esté muriendo una mascota
- No tener amigos
- La oscuridad
- Pasar vergüenza delante de las personas
- Los sueños malos y las pesadillas
- Que lo maten
- Que lo secuestren
- Los desastres como los terremotos o los tornados
- Lo que piensan otras personas

Antes siempre tenía miedo de que hubiera un monstruo debajo de mi cama. Tuve miedo por muchos años hasta que Dios me liberó de todos mis temores. Desperdicié muchísimo tiempo teniendo miedo de un monstruo debajo de mi cama y nunca hubo uno. Y tampoco ninguno de mis amigos tuvo jamás un monstruo debajo de la cama. Es más, nunca he oído de que haya un monstruo debajo de la cama de alguien en toda la historia del mundo. Pasé años con miedo de algo que no existía.

Pero *había* cosas en mi vida que *de veras* daban miedo. Y aprendí a orar por ellas. Cuando vivía en Los Ángeles, le tenía miedo a los terremotos, así que oraba todos los días para que Dios me protegiera a mí y a mi familia de un terremoto. Muchas veces tuvimos terremotos, y fueron terribles, pero Dios nos protegió siempre. Al final, dejé de pensar todos los días en los terremotos. Cuando oramos, Dios nos protege y nos quita el temor.

Dios respondió mi oración

Una vez cuando estaba solo en casa, tuve miedo. Oré a Dios que me diera paz y Él me ayudó.

Aarón (once años de edad)

Una vez Jesús estaba en el mar con sus discípulos cuando se presentó una gran tormenta. Los discípulos tuvieron mucho miedo de que se fuera a hundir la barca y que ellos murieran. Jesús les dijo que su barca no se hundiría porque Él estaba con ellos (Mateo 8:26). Tú tienes que recordar que en cualquier momento que sientas miedo, puedes llamar a Jesús y Él estará allí. En cualquier barco que estés, Él estará contigo. Y su presencia te mantendrá a salvo.

Dios respondió mi oración

Un tipo que les había hecho cosas bien malas a los chicos acababa de salir de la cárcel y se había mudado al complejo de apartamentos de mi tía. Su apartamento estaba cerca de una escuela. Mi mamá y yo oramos que Dios protegiera a los niños en la escuela y la gente que vivía en el complejo de apartamentos. Una semana más tarde, mi tía llamó a mi mamá para decirle que el tipo se había mudado. ¡Alabado sea el Señor!

Benjamín (nueve años de edad)

Cuando tienes miedo en la noche

¿Alguna vez has sentido miedo y ni siquiera estás seguro de a qué le temes? Algunas veces quizá sientas temor porque viste una película o un programa de televisión que dan miedo, leíste un libro terrible o alguien te contó una historia de terror. Sin embargo, a veces puedes sentir temor y no saber bien por qué.

Una vez cuando mi hijo, Christopher, tenía once años de edad, comenzó a tener pesadillas sin ninguna razón. Yo no le permitía que viera películas ni programas de televisión de terror, y a él no le pasaba nada malo, así que no podíamos imaginarnos por qué tenía sueños malos. Oraba con él todas las noches, pero seguía teniendo pesadillas terribles. Entonces un día, cuando él estaba en la escuela y yo estaba orando por él, sentí como que Dios me mostraba que fuera a su cuarto y mirara algunos de sus juegos de vídeo.

El primer juego que escogí era uno de acción y aventura que le había prestado un amigo. Por el exterior de la caja parecía bueno, pero en la parte de atrás del folleto de instrucción encontré algunas cosas que eran impías y malas. Dije: «Gracias, Jesús, por mostrarme eso», y saqué el juego de su habitación.

Cuando Christopher llegó a casa de la escuela, le mostré lo que había encontrado. Me dijo que no había avanzado mucho en el juego y que no se había dado cuenta de lo que tenía. Se lo devolvió enseguida a su amigo. Cuando el papá de Christopher llegó a casa esa noche, los tres oramos juntos y pedimos que la presencia de Dios llenara el cuarto con su paz. Esa noche terminaron por completo las pesadillas de Christopher.

Dios respondió mi oración

Yo había sentido muchísimo miedo en mi cuarto por las noches. Algunas veces oraba y seguía con miedo. Fui abajo a ver a mis padres y se los dije. Mi papá y yo fuimos a mi cuarto y oramos a Dios y reprendimos un espíritu de temor y le dimos gracias a Jesús por estar siempre allí. Después que oramos, nunca hay problemas y duermo bien.

Joshua (diez años de edad)

> **Cuando tengo miedo, recuerdo lo que dice Dios sobre el temor**
>
> - No tengas miedo, pues yo estoy contigo; no temas, pues yo soy tu Dios. Yo te doy fuerzas, yo te ayudo, yo te sostengo con mi mano victoriosa (Isaías 41:10, DHH).
> - Dios no nos ha dado un espíritu de temor, sino un espíritu de poder, de amor y de buen juicio (2 Timoteo 1:7, DHH)
> - El que confía en el Señor estará protegido (Proverbios 29:25, DHH)
> - Aunque ande en valle de sombra de muerte, no temeré mal alguno, porque tú estarás conmigo (Salmo 23:4, RV-60).

Si alguna vez sientes temor en tu cuarto, de día o de noche, o si tienes sueños malos, pídele a tu mamá, a tu papá, o a un cristiano adulto de confianza que ore contigo por eso. Pídele a Dios que te muestre si hay algo en tu cuarto que no lo honra a Él. Elimina cualquier cosa como carteles, música, libros, revistas, juegos, fotos o películas que glorifican las cosas o las personas impías. Dormirás muchísimo mejor sin ellas.

Dios es más poderoso que cualquier cosa que temas. Cuando tú estás en la presencia del Señor, no tienes que estar temeroso. La Biblia dice: «El Señor es mi luz y mi salvación, ¿de quién podré tener miedo? El Señor defiende mi vida, ¿a quién habré de temer?» (Salmo 27:1, DHH). ¿Verdad que es fantástico?

Si el Señor es tu luz, aun cuando estés en la oscuridad, seguirás teniendo *su* luz en ti. Si el Señor es tu fortaleza, aun cuando enfrentes cosas temibles que parecen ser más poderosas que tú, nunca son más poderosas que *Dios*. Y Él siempre está de *tu* parte.

a Dios

Querido Señor, ayúdame a no tener miedo. Las cosas que más me dan miedo son_____, _____ y _____. Protégeme de todas estas cosas. Impide que me suceda cualquier cosa mala. Gracias porque has prometido protegerme y cuidarme siempre. Gracias porque no me has dado espíritu de temor, sino que más bien me has dado amor, poder y buen juicio. Ayúdame a recordar siempre eso. Te lo pido en el nombre de Jesús.

Querido Señor, las otras cosas por las que quiero orar hoy son…

para mí

> Busqué al SEÑOR,
> y él me respondió;
> me libró de todos mis temores.
>
> Salmo 34:4

3

si estoy dolido

¿Has pasado alguna vez por un tiempo difícil en el que has estado dolido por dentro? ¿Estás pasando por esa clase de tiempo ahora mismo? ¿Alguna vez te has sentido triste y te ha parecido que todos a tu alrededor estaban felices? Si es así, no creas que hay algo malo en ti. No lo hay. Cada persona en la tierra tiene tiempos buenos y tiempos malos. Tiempos felices y tiempos tristes. Tiempos agradables y tiempos difíciles. Así es la vida.

Cuando te sientas triste o herido por dentro, cuéntaselo a Dios y Él te quitará el dolor. Él cambiará la manera en que te sientes. No te preocupes que otras personas parezcan estar siempre felices y tú no. Nunca se sabe los tiempos buenos y felices que te esperan. Quizá hasta en la próxima hora o al día siguiente. Y tú no sabes la infelicidad y el sufrimiento que les espera a las otras personas. Todo el mundo tiene sus tiempos difíciles y sus tiempos buenos. Todo en la vida pasa.

Los tiempos difíciles tienen un propósito. En primer lugar, hacen que ores más. Te animan a hablar con Dios y a decirle cómo te sientes, para que Él cambie tu mal en algo bueno.

En segundo lugar, los tiempos difíciles te enseñan cosas. Te enseñan a tener compasión por otras personas que también atraviesan tiempos difíciles. Te enseñan a confiar en que Dios hace que las cosas resulten para bien. Te enseñan a tener paciencia para esperar la respuesta del Señor a tus oraciones.

Cuando alguien hiere tus sentimientos

Algunos chicos de tu edad pueden ser muy malos con los sentimientos de otros. Si sus padres no les han enseñado a ser considerados con los sentimientos de otra persona, no lo serán. Algunos chicos son tan crueles que dicen cosas que hieren profundamente los sentimientos de otros. Algunos chicos son abusadores. Los abusadores son malos y egoístas; no les preocupa nada que no sea ellos mismos. (Sí, hasta una niña puede ser una abusadora).

¿Has escuchado alguna vez que a un chico lo llamen por un nombre malo o hiriente? Yo he escuchado a chicos llamar a otros «feo», «gordo», «estúpido», «idiota» o «basura». Incluso he escuchado nombres tan malos que no puedo repetirlos. Hasta me duele escuchar esos nombres. Me imagino cuánto debe dolerle a una persona que la llamen así. Sin embargo, yo era muy pequeña y miedosa para salir en defensa de la gente. Así que no decía nada para defenderlas.

Si ves a alguien siendo cruel con un niño o una niña, ora por la persona que están hiriendo. Ora que Dios le quite el dolor que le causan. Ora también por el abusador, que Dios lo cambie y lo convierta en una persona compasiva. He visto a Dios responder muchas veces esa oración.

Cuando a alguien lo llaman por un nombre malo, lo recuerda por mucho tiempo. Y cada vez que lo recuerda, le vuelve a hacer daño. Pero él no es el único herido. También hiere el espíritu de la otra persona que escucha. Y les hace daño a las personas que le dicen el nombre, pero sencillamente no lo saben todavía. Es por eso que cualquiera que le pone apodos a otro chico y dice cosas malas de él o de ellos está perdiéndose las bendiciones que Dios tiene para él. A Dios no le gusta que nadie trate a uno de sus niños con crueldad o de forma descortés. Él lo ve todo, y habrá un precio que pagar por eso algún diá.

¿Has sido alguna vez una de esas personas que ponen apodos que hieren sentimientos? Yo sí. ¿Has estado alguna vez junto a una niña o un niño abusador? Yo sí. ¿Has visto alguna vez a un grupo de niños que se confabulan contra otro niño y lo eliminan del grupo? Yo sí. ¿Has visto a un grupo de niños que andan por ahí diciendo cosas malas de otro niño y tratando de arruinarle su reputación? Yo sí. Y es probable que tú también.

Si alguna vez te pasa algunas de estas cosas, recuerda que aunque los niños pueden ser crueles, Dios es bueno. Y si eres uno al que le sucede, Dios está de *tu* parte. Cuéntale a Dios los maltratos que recibes y pídele que te sane tus sentimientos heridos. Pídele que te quite el dolor de ese recuerdo. Pídele que te ayude a perdonar a la gente que fue mala contigo.

¿Y qué si no quiero perdonar a esa persona?

Nada nos hace sentir peor que el que alguien nos ofenda. Te sientes triste e infeliz. Algunas veces tienes ganas de hacerles lo mismo para que sientan lo que sientes. Pero Dios dice que hay que perdonar a cualquiera que nos hiera. Eso no significa que estás diciendo que lo que hicieron fue bueno o estuvo bien. Significa que estás dispuesto a olvidarlo y que no vas a estar disgustado con ellos.

Una de las cosas más difíciles de hacer es perdonar a alguien que te ha herido. Si las personas te hacen daño a propósito, solo alégrate de que no seas uno de ellos, porque a Dios no le gusta nadie que daña a sus niños. Las personas que les hacen daño a otros a sabiendas, no recibirán las bendiciones que Dios tiene para ellas. Pero cuando las perdonas, eso te ayuda a liberarte de esos malos recuerdos y puedes recibir todas las bendiciones que Dios tiene para ti.

> **Lo que oran los chicos**
>
> *Señor, dame perdón para que no deje que se ponga el sol sobre mi enojo. En el nombre de Jesús, amén.*
>
> Katie (once años de edad)

Quizá haya personas que ofenden sin querer. Lo hacen, pero esa no es su intención. Lo hacen sin pensar, o pensando nada más que en ellos mismos en ese momento y no en cómo te podrías sentir *tú*. Eso no hace que el daño sea menor. Con todo, puedes orar que alguien así aprenda a ser más considerado con otras personas.

Tal vez algunos te han hecho algo que es tan malo que sientas que nunca podrás perdonarlos. Sin embargo, Dios puede ayudarte al respecto. Puedes orar a Dios y pedirle que te ayude a perdonar, y Él lo hará. Es más, es bueno que siempre vayas a Dios cada vez que necesites perdonar a alguien y pedirle que te ayude. Dile lo que te pasó y por qué te sientes de esa manera. Dile que no quieres guardar en tu corazón malos sentimientos hacia nadie. Tú quieres liberarte de eso, para poder disfrutar de todas las grandes cosas que Él tiene para ti. Mientras oras, Dios cambiará tu corazón.

Duele perder algo valioso

Todo el mundo pierde algo alguna vez. Eso puede ser muy duro, en especial si lo que perdiste era muy importante o valioso para ti. He conocido a muchos chicos que perdieron sus bicicletas. O se las robaron. Eso es una pérdida grande, pues las bicicletas son caras y cuesta mucho dinero reponerlas. Algunas veces las cosas que perdemos no se pueden reponer. Una vez perdí la cartera, y no solo perdí todo el dinero que había recibido en mi cumpleaños, sino que también perdí algunas fotografías que me encantaban y que nunca se podrían reponer. Me molestó durante muchos años.

Nos duele perder cosas. Pero podemos orar que Dios o bien nos ayude a encontrar las cosas que perdimos o a sustituir lo que perdimos con alguna otra cosa. Cuando oramos por las cosas que perdemos, Dios nos consolará y nos ayudará a seguir adelante.

Duele perder a alguien que amamos

Peor que perder cosas es perder a una persona. Las personas son siempre más valiosas que las cosas. Perderlas no significa que las extraviamos ni que no podamos encontrarlas. Significa que se fueron de nuestra vida. Se mudaron o murieron. De cualquier manera, duele mucho perder a una persona que nos importa. Sin embargo, tú puedes ir a Dios cuando ocurra eso y Él te consolará. Tú puedes hablarle de tu pérdida, y Él comprenderá cómo te sientes y tocará tu corazón con su amor.

Dios dice que las personas que lloran serán consoladas de manera especial (Mateo 5:4). Yo he experimentado eso. Cuando murió mi mejor amiga, el dolor que sentía era insoportable al principio. Pero cuando le pedí a otras personas que oraran por mí, pude sentir gran consuelo del Señor. Es algo muy bueno que ocurre y es el Señor el que lo hace. Por lo tanto, no temas que alguien muera ni se mude. Cuando ocurra eso, Dios estará contigo para consolarte con un consuelo que solo Él puede darte.

Cuéntale a alguien lo que sientes

Ayuda de verdad hablarle a alguien del dolor que sientes. Díselo a tu mamá o tu papá, a un abuelo, una tía o un tío, o a un pastor o pastor de jóvenes. De veras, es bueno contarle a otra persona lo que uno siente. Y hace una gran diferencia si esa persona puede orar contigo.

> **Dios respondió mi oración**
>
> *Oraba que mi abuela se pudiera recuperar de un pequeño derrame cerebral. Ella tenía que estar en cama sin hacer nada. Oraba dos veces al día, y como a las dos semanas ella estaba bien de nuevo.*
>
> Sierra (diez años de edad)

No dejes de contarle a Dios cómo te sientes. Él ya lo sabe, pero quiere escucharlo de *ti*. Él conoce lo importante que es para ti sacar esos sentimientos.

Anota cuatro cosas que a veces te ponen triste:

1.

2.

3.

4.

¿Hay algo que te pone triste ahora mismo? Si es así, escribe a continuación una oración a Dios. Si nada te está entristeciendo ahora, escribe una oración diciéndole a Dios cómo te sientes y pídele que mantenga lejos de ti el dolor, la tristeza y las pérdidas.

Querido Señor, me siento…

No importa cuántas cosas te hagan daño, siempre existen cosas para estar feliz y agradecido también. Cuando estás sufriendo, es bueno que pienses en todas las cosas que te hacen feliz. Anota diez cosas que te hacen sentir feliz y agradecido, y luego lee esta lista una y otra vez cada vez que estés dolido.

1.

2.

3.

4.

5.

6.

7.

8.

9.

10.

Cuando pierdes a alguien debido a un divorcio

Es probable que conozcas a alguien que se ha divorciado. Quizá tu mamá y tu papá se han divorciado. El divorcio es duro para todo el mundo, y más para los niños. Les crea una gran tristeza. A veces los niños se echan la culpa, como si hubieran podido ser capaces de hacer algo para impedirlo. Otras veces piensan que si se hubieran portado mejor, quizá uno de los padres no se hubiera ido. Pero no hay nada que haga un niño que destruya un matrimonio. Nunca. Todo ese problema es de los adultos.

Si estás sufriendo porque se divorciaron tus padres, o porque alguien cercano a ti se divorció y ahora no lo ves tanto, Dios quiere sanar tu corazón. Cuéntale cómo te sientes por dentro, y Él te tocará con su amor y restaurará tu corazón.

Quizá tus padres no se hayan divorciado, pero tal vez te da miedo que lo hagan. Cuando sientas ese tipo de temor o tristeza, ve a Dios y pídele que te consuele. Dile a tu mamá o a tu papá cómo te sientes, y pídeles que oren contigo por eso.

Si oraste por tu mamá y tu papá para que no se divorciaran y lo hicieron de todas maneras, no te culpes a ti ni a Dios por no responder tus oraciones. Tus oraciones no pueden cambiar la voluntad de otros. Incluso Dios dice que Él no irá en contra de la voluntad de las personas si están decididos a hacer algo. Si una persona decide hacer cierta cosa o vivir de cierta manera, no hay nada que tú puedas hacer para cambiar eso.

Tengo una amiga cercana cuya mamá y papá se divorciaron. Ella se tuvo que mudar con su mamá, y yo nunca la vi de nuevo. El divorcio lo cambió todo para todo el mundo. El divorcio duele, pero Dios puede sanar las heridas que causa el divorcio.

Cuando las cosas están fuera de tu control

Cuando eres niño, no tienes control sobre lo que hacen los adultos en su vida. Quizá tu mamá y tu papá discutan muchísimo. A lo mejor tu familia pasa apuros con el fin de tener el dinero suficiente para pagar las cuentas. Quizá uno de tus padres tiene que estar fuera mucho por causa de su trabajo. Tal vez una de las personas con la que vives está muy enferma. Es muy difícil cuando las cosas van mal en el hogar. Solo comprende que cada familia lucha con alguna cosa en algún momento. En las familias también existen tiempos buenos y tiempos malos. Aun así, tus oraciones pueden ser muy importantes.

Cada vez que te preocupes y te sientas triste por algo, debes saber que Dios está contigo. Él ve lo que está pasando. Acércate a Él y dile todo lo que tienes en tu corazón. Pídele que salgas bien de eso y Él te ayudará a través de ese tiempo. Muy pronto estarás alegre de nuevo.

Hay muchas cosas en la vida que nos hacen daño. Hay problemas que tenemos que enfrentar. Sin embargo, Dios quiere que vayas a Él con tus dolores y tus problemas, y Él te ayudará a sanar tus heridas. Solo recuerda que, gracias a Dios, todo tiene remedio en la vida. No importa lo malas que parezcan las cosas en el momento, mejorarán. Dios siempre cuidará de ti, y nunca te dejará ni te abandonará. Él siempre estará contigo.

a Dios

Querido Señor, gracias porque siempre me ayudas cuando estoy triste. Gracias porque me amas y siempre me consuelas. Lo que más me ha dolido últimamente es _____. Te pido que sanes el dolor que siento en el corazón. Ayúdame a perdonar a cualquiera que haya herido mis sentimientos. Ayúdame a no temer tanto que me hieran otra vez en el futuro que no confíe en las personas. Te lo pido en el nombre de Jesús.

Querido Señor, las otras cosas por las que quiero orar hoy son…

LA PALABRA DE DIOS para mí

Dichosos ustedes que ahora lloran,
porque luego habrán de reír.

Lucas 6:21

que me ayude cuando es difícil orar

¿Alguna vez has sentido que la oración es difícil? Si es así, no te sientas mal. No eres el único. Todo el mundo lucha a veces con la oración, no importa la edad que tenga. Incluso los adultos. Pero lo bueno es que podemos pedirle a Dios que nos *ayude* a orar. Y lo hará.

Una pequeña que conozco se sintió muy triste porque su hermano mayor se iba a mudar a otro estado para trabajar en un nuevo empleo. Quería orar que no se fuera de ninguna manera porque sabía que lo extrañaría muchísimo. Pero al mismo tiempo no quería que perdiera el nuevo empleo. No sabía cómo orar por eso, así que le era muy difícil orar. Al final, oró que Dios la ayudara a orar. Dios le mostró que orara solo que se hiciera su voluntad en la vida de su hermano. Ella oró que si la voluntad de Dios era que se fuera su hermano, que Dios le diera paz en esto. La manera en que Dios respondió su oración fue que su hermano se mudó, pero ella no estuvo triste como pensaba que lo estaría. Dios la ayudó a no extrañarlo tanto.

Dios sabía que a veces la oración podría ser difícil, así que prometió que su Espíritu Santo, quien vive en ti, te ayudaría. El

Espíritu Santo sabe lo que necesitas incluso mejor que *tú*. Y debido a que sabe lo que tiene que hacer en cada caso, sabe cómo ayudarte a orar.

Es posible que estés pensando: *¿Por qué necesito orar si Dios sabe lo que necesito?* Es que Dios quiere que *hables* con Él. Y que le *pidas* cosas. Y que estés *con* Él. Y que andes *cerca* de Él. Quiere que tú *dependas* de Él. Y que *confíes* en que Él se encarga de tus necesidades.

Por qué los chicos creen que a veces la oración es difícil

Algunas veces los chicos piensan que la oración es difícil porque les parece que no saben orar. O creen que no saben orar bien. Quizá escuchen orar a las personas mayores y piensen que tienen que orar como ellos. Sin embargo, Dios mira el corazón y no la manera en que uno habla. Todo lo que Dios quiere es una sencilla oración del corazón.

A veces los chicos piensan que la oración es difícil porque no sienten que son lo bastante buenos para merecer una respuesta. Quizá han hecho algo malo y se sienten culpables por eso. Sin embargo, es por eso que Dios nos pide que le confesemos nuestros pecados. Él quiere aclarar las cosas para que no

Lo que es más difícil para los chicos en la oración

- Confiar en que Dios escucha de verdad.
- No estar seguro de si Dios existe de veras.
- Esperar la respuesta.
- Temer que Dios diga que no.
- No saber con exactitud cómo orar
- Confesar cuando uno ha hecho algo malo.
- No saber si la oración recibirá respuesta.
- Buscar un lugar tranquilo para concentrarnos.
- Hablar con alguien que no podemos ver.
- Escuchar a Dios en el corazón.
- Orar por los enemigos.
- No recibir la respuesta que uno quiere.
- Preguntarse uno si la respuesta se hará realidad.
- Dedicar tiempo para hacerla.

nos sintamos culpables. El pecado nos separa de Dios, y Él no quiere eso. Dios no está esperando lanzarnos un rayo si no *hacemos* bien todas las cosas. Está esperando que vayamos a Él y le confesemos nuestros pecados, a fin de que Él pueda *arreglar* bien todas las cosas.

Algunas veces los chicos piensan que la oración es difícil porque les parece que Dios está bien lejos. Creen que sus oraciones tienen que viajar muy lejos para llegar a Él. Pero eso no es cierto. Dios está cerca. Su Espíritu vive en nosotros. Dice que cuando nos acercamos a Él, Él se acerca a nosotros. Solo tenemos que dar el primer paso.

Algunas veces los chicos piensan que la oración es difícil porque se necesita mucho tiempo. Creen que si no pasan el tiempo suficiente, sus oraciones no darán resultados. Pero no es cierto. Dios escucha hasta la oración más simple. Es cierto que mientras más tiempo uno pasa en oración, más puede orar y más respuestas ve. Pero Dios escucha cada palabra que uno ora. Cada oración es valiosa no importa el poco tiempo que lleve orarla.

Algunas veces los chicos piensan que la oración es difícil por que no tienen la seguridad de si están orando por lo que es bueno. Sin embargo, uno no tiene que preocuparse por eso. Uno no puede hacer una oración mala. La oración es poner el corazón en comunicación con Dios. Uno solo tiene que ser sincero con Dios acerca de lo que uno tiene en el corazón. Aun si fueras a orar de una manera que no es la voluntad de Dios, no causará que algo malo suceda. Eso es imposible. La voluntad de Dios es que oremos. No debemos preocuparnos de si su voluntad es responder de la manera en que oramos. Nuestras oraciones no van a obligar a Dios a hacer algo que Él no quiere hacer.

Dios nunca dice: «¡Huy! ¿Qué hice? ¿Cómo dejé que pasara eso? ¿Qué hago ahora?» Él nunca va a permitir que algo que pedimos en oración se responda de una manera que no esté dentro de su voluntad. Por lo tanto, no tenemos que preocuparnos.

Algunas veces los chicos piensan que la oración es difícil porque se sienten muy pequeños y las cosas por las que están orando parecen muy grandes. Los chicos se sienten a menudo de esa manera. Pero no importa lo grande que sea el problema, Dios siempre es más grande. Eso es todo lo que importa. No cambia en nada lo pequeño que somos ni lo pequeño que nos sintamos a veces. Dios es grande y nada es demasiado difícil para Él. Es maravilloso y nada es imposible con Él.

> **Lo que oran los chicos**
>
> *Señor, dame fuerza y valor para ser yo misma y no preocuparme por lo que piensen otras personas.*
>
> Savannah (once años de edad)

Recuerda cómo es Dios

Es bueno pensar cómo es Dios cuando oramos. Nadie ha visto jamás a Dios, pero uno puede imaginarse cómo es Él. Mientras más uno sabe cómo es Él, más fácil es confiar en Él cuando se ora.

Por ejemplo, si pensamos que Dios es distante y frío, será *más difícil* orar. Si pensamos que Él está cerca y es cariñoso, será *más fácil* orar.

Si pensamos que Dios está siempre disgustado con nosotros, será *más difícil* orar. Si pensamos que es un Dios amoroso, será *más fácil* orar.

Si pensamos que Dios es débil y nunca podemos contar con Él, será *más difícil* orar. Si pensamos que Él es fuerte y podemos contar siempre con Él, será *más fácil* orar.

Si pensamos que Dios está demasiado ocupado para escucharnos, será *más difícil* orar. Si pensamos que Él tiene todo el tiempo del mundo para escucharnos, será *más fácil* orar.

> **Cómo ven a Dios la mayoría de los chicos cuando oran**
> - Como un amigo
> - Como el Padre celestial
> - Como alguien que está siempre a nuestra disposición
> - Como Señor y Salvador
> - Como un Dios que responde las oraciones
> - Como el Rey del mundo
> - Como el Creador de todas las cosas

Si pensamos que Dios siempre está enojado y es severo, será *más difícil* orar. Si pensamos que Él es perdonador y amable, será *más fácil* orar.

Si pensamos que Dios es débil y no tiene poder, será *más difícil* orar. Si pensamos que Él es fuerte y poderoso, será *más fácil* orar.

Mientras más sepamos de Dios, más fácil será orar. No dejes de leer la Biblia para saber más de Él. Cada vez que sientas que la oración es difícil, cuéntaselo a Dios. Dile lo que te parece difícil. Él comprende cómo te sientes, y su Espíritu Santo te ayudará a orar.

MI ORACIÓN a Dios

Querido Señor, te pido que me ayudes a aprender a orar. Ayúdame a llegar al punto en que la oración sea fácil para mí, como hablar con mi mejor amigo. Ayúdame a conocerte mejor, de modo que pueda comprender bien quién eres. Ayúdame a recordar que nada es demasiado difícil para ti, y que nada es imposible contigo. Dame una fe fuerte para creer que siempre escuchas mis oraciones y que las contestarás a tu manera y en tu tiempo. Te lo pido en el nombre de Jesús.

Querido Señor, las otras cosas por las que quiero orar hoy son…

LA PALABRA DE DIOS para mí

Pidan, y Dios les dará;
busquen, y encontrarán;
llamen a la puerta, y se les abrirá.

Mateo 7:7, DHH

por mis amigos, familia y otros

Los amigos son muy importantes. Es más, es probable que para ti sean lo más importante en la vida. Ellos influyen en tu manera de pensar y en las decisiones que tomas. La Biblia dice: «El buen amigo da buenos consejos; el malvado se pierde en su maldad» (Proverbios 12:26, TLA). Nunca quieras que te guíen a la maldad.

Sin embargo, ¿cómo se escoge a los amigos? Tú no puedes solo acercarte a las personas y decirles que *tienen* que ser tus amigos. Eso es decisión de ellos. Tu decisión es si vas a *ser* amigo de esa persona o no. Pero puedes también decidir *no* ser amigo de alguien. Si ese alguien es una persona que no ama a Dios, puedes decidir *no* ser su amigo.

Es por eso que la oración por tus amigos es tan importante. Antes que todo, ora para que los amigos que tienes sean amigos buenos y piadosos. Una persona piadosa es alguien que ama a Dios y respeta sus leyes. La gente impía no lo hace.

Entonces ora que Dios bendiga las amistades que tienes ahora mismo. Pídele que te muestre si alguno de tus amigos no es una buena influencia para ti. La Biblia dice: «¿Pueden dos caminar juntos sin antes ponerse de acuerdo?» (Amós 3:3). Eso significa que tu amigo y tú tienen que estar de acuerdo en lo que es bueno y malo. Si estás de acuerdo con algo que sabes que es malo solo porque tu amigo lo hace, o si no estás seguro de si es malo pero *sientes* que es malo, tu amigo y tú no caminan de acuerdo. Si siguen siendo amigos, es posible que termines haciendo cosas malas y te metas en problemas. Habla con Dios sobre ese amigo. Habla con tus padres también. Ellos pueden ayudarte.

Otra cosa en la que necesitas estar de acuerdo con tu amigo es en quién es *Dios*. Tus mejores amigos deben ser personas que crean en Jesús. Eso no significa que no puedas nunca tener un amigo que no sea cristiano. Solo significa que tus amigos íntimos deben ser creyentes. El problema es que si andas con alguien y ambos no están de acuerdo en amar a Dios y vivir como Dios manda, uno de los dos tendrá que cambiar. Tú no quieres ser el que cambia.

Dios respondió mi oración

En un momento de mi vida no me adaptaba porque era la niña nueva. El día antes del Día de San Valentín oré: «Señor, ayúdame a hacer buenas amistades». Al siguiente día hice algunas maravillosas amistades. En verdad fue una respuesta a la oración.

Courtney (once años de edad)

Si tú eres el chico nuevo en un lugar nuevo, ora que Dios traiga a tu vida amigos buenos que amen a Dios. Él quiere hacer eso por ti, incluso más de lo que tú lo quieres.

Algunas veces no es fácil evitar ciertas personas. Si hay un problema personal en tu vida, pídele a Dios que o bien cambie a esas personas o las saque de tu vida. Cuando se ora así, algo cambia. O bien desaparecerán las amistades o los amigos se mudarán. O te mudarás tú. O los amigos se interesarán en otros amigos. O tú lograrás tener una conversación con ellos acerca de tu amistad, y puedes decirles las cosas que te molestan. Sea lo que sea, la oración por tus amigos es importante.

Cuando tienes problemas con los amigos

Cuando encuentres buenos amigos, dale gracias a Dios todos los días por ellos. No olvides lo valiosos que son para ti. Ora por cada amigo tuyo. Pídele a Dios que proteja tu amistad con esas personas, de modo que nada la dañe ni la destruya.

Toda amistad pasa por tiempos difíciles. Los amigos se enojan entre sí o sin querer se hacen daño . Sin embargo, los buenos amigos pueden resolver esas cosas y aprender a perdonarse. La Biblia dice: «En todo tiempo ama el amigo» (Proverbios 17:17, RV-60). Eso parece difícil, pero no significa que no puedas estar en desacuerdo con tus amigos o tener una discusión. Tú puedes seguir amando a una persona aun si no estás de acuerdo con ella.

Algunas veces una mala amistad no significa que el amigo sea una mala persona. Quizá solo quiere decir que los dos no son buenos el uno para el otro. Mi hija Amanda tenía una amiga que parecía que siempre la estaba criticando, y esto hacía que Amanda se sintiera mal con ella misma y con su vida. Siempre se sentía triste después de estar con esa amiga. La amiga era una muchacha agradable, y yo creo que pensaba que estaba ayudándola al criticarla tanto, pero tenía el efecto opuesto en mi hija. La destrozaba y la hacía sentirse triste.

Amanda y yo oramos que si esta amistad no era saludable, que ambas encontraran nuevas amigas que ocuparan el lugar de la antigua. Y eso fue lo que pasó. Después de eso, mi hija era mucho más feliz con su nueva amiga. Si tienes un amigo o amiga que siempre te hace sentir mal acerca ti mismo y de tu vida, pídele a Dios que te mande una nueva amistad. Los amigos se deben estimular y no destruirse el uno al otro.

Confía en tus padres cada vez que te dicen que les preocupa alguno de tus amigos. Dios da a los padres un don especial de comprensión y entendimiento sobre cosas como esas a fin de que puedan protegerte. Escucha con cuidado lo que te dicen. Si no estás de acuerdo con tus padres acerca de cierta amistad, ora que tus padres y tú logren ver la verdad y se pongan de acuerdo. Dios te mostrará lo que es malo y lo que es bueno.

Cuando tus padres tienen la razón. Tú quizá no te des cuenta lo mucho que pueden dañarte los malos amigos, y tus padres lo saben.

Dios respondió mi oración

Cuando yo estaba en quinto grado, tenía muchas peleas con dos niñas en mi aula. Fue el año más difícil para mí. Cuando llegó el verano, me sentí aliviada de que terminaran las clases. Cuando se acercaba el sexto grado, oraba a cada momento que el Señor cambiara el corazón de aquellas niñas. Ahora ellas son mis mejores amigas.

Nicole (doce años de edad)

Ora por tu familia

Uno de los mandamientos de Dios dice que honres a tu padre y a tu madre (Éxodo 20:12). Este es el primer mandamiento con promesa. La promesa es que si los honras, todo te irá bien y tendrás una larga vida.

Una de las maneras en que honras a tu mamá y a tu papá es obedeciéndoles. Tú no puedes decir: «No me importa lo que quieran mis padres. Voy a hacer lo que *yo* quiero». Si haces eso, las cosas no te van a ir tan bien en la vida. Pero es probable que hayas aprendido ya esa lección. Siempre te sentirás mejor con tu vida y contigo mismo cuando obedezcas a tus padres.

Otra manera de honrar a tu padre y a tu madre es orando por ellos. Pídele a Dios que los bendiga y los proteja. Pídele que los mantenga saludables y que los ayuden en su trabajo. Ora que tu relación con ellos sea buena. Pídele a Dios que transforme a tu familia en una familia de oración. Ora que tus padres oren *contigo* y por ti.

Dios respondió mi oración

Oré cuando mi papá se rompió una costilla. Estuve orando por casi un año, y ahora la costilla ya no le duele mucho.

Austin (diez años de edad)

Ora por los otros miembros de tu familia también. Es posible que no te des cuenta ahora, pero cada miembro de la familia es valioso. Los hermanos y las hermanas son valiosos en especial. No hay nada más cercano que un hermano o una hermana, sobre todo cuando envejeces. Mientras mayor seas, más valiosos serán para ti. Así que ora por ellos ahora. Ora que Dios los guarde y que nada malo les pase. Ora que siempre estés cerca de ellos. Pídele a Dios que los ayude a no ser egoístas entre ustedes. Pídele a Dios que los ayude a ser humildes y capaces de darle el primer lugar al otro.

Dios respondió mi oración

Una vez oré por la relación de mi hermana conmigo, y al día siguiente no peleamos y nos tratamos bien. Eso casi nunca sucede. Y yo oraba que Stormie escribiera un libro sobre la oración para los niños, y ya lo hizo.

Austin (diez años de edad)

Dios dice que los pacificadores serán bienaventurados (Mateo 5:9, RV-60). ¿Sabías que puedes ser un pacificador en tu familia? La manera de comenzar es orando por cada uno de tu familia y pidiéndole a Dios que ponga paz en sus corazones. Ora que todos en tu familia se lleven bien. Ora que siempre se digan cosas agradables, se estimulen unos a otros y no sean criticadores.

Si tienes un padrastro o madrastra, hermanastro o hermanastra, no te olvides de orar por ellos también. Tú puedes ser un pacificador muy importante en la familia cuando oras por los demás miembros de la familia.

> **Dios respondió mi oración**
>
> *Una vez mamá y yo oramos por la madre que me dio a luz. Oramos que recibiéramos una carta de ella. Al día siguiente, recibimos una carta de ella.*
>
> Helen (nueve años de edad)

Ora por las personas que necesitan ayuda

¿Has visto personas que sufren? ¿O que tienen problemas? ¿O que parecen perdidas? ¿O que están enfermas? ¿O que están a punto de hacer algo malo que puede hacerles daño a ellas o a otras personas? ¿Alguna vez sientes que te gustaría ayudar a alguien, pero no sabes cómo? ¿No sabes qué hacer ni qué decir? Pues bien, hay una cosa que puedes hacer por otros que siempre es apropiado y siempre es bueno, y que siempre bendecirá a esas personas. Tú puedes orar por ellas. Orar por alguien es una de las mejores cosas que puedes hacer. Y si te llenas de valor en verdad, pregúntales si puedes orar por ellas en ese mismo momento. Eso las hará sentir amadas porque notarán el amor de Dios en tus oraciones.

Oro por mis maestros

Los maestros son una parte muy importante de tu vida, y es por eso que también es importante orar por ellos. Quiénes son y cuán bien te enseñan influirán en tu vida en los años futuros. Ora que Dios te dé buenos maestros, y pídele que los ayude a enseñarte lo que necesitas saber. Pídele a Dios que te dé el favor de tus maestros y te ayude a tener buenas relaciones con cada uno de ellos. Eso no significa que le pidas a Dios que te conviertas en el alumno preferido de tu maestro. Quiere decir que le pides a Dios que te conviertas en una bendición para tu maestro.

Extiende la mano y toca a alguien

¿Sabías que puedes extender la mano y ayudar a otros en el otro lado del mundo solo al orar por ellos? Y ni siquiera tienes que salir de tu cuarto. Tus oraciones no solo influirán en ti, sino que también en cualquiera por el que ores. Cuando oras por otros, le pides a Dios que sea parte de sus vidas y que obre con poder en sus situaciones. Tú puedes orar por personas en otro país o en otra ciudad, o por alguien que te enteres en las noticias que necesita oración, y eso influirá en sus vidas.

Dios quiere que oremos por otras personas. Eso es lo que se llama *intercesión*. Una persona *intercesora* es la que se

---

Momentos en los que la mayoría de los chicos oran por otros

- Cuando necesitan ayuda.
- Cuando me hacen daño.
- Cuando atraviesan un tiempo difícil.
- Cuando están en necesidad.
- Cuando me piden que ore por ellos.
- Cuando atraviesan un mal día.
- Cuando no creen en Dios.
- Cuando pienso que necesitan oración.
- Cuando están heridos o enfermos.
- Cuando están tristes o tienen miedo.
- Cuando el Espíritu Santo trae a mi mente esa persona.

interesa tanto por otras personas que ora por ellas. Dios nos recompensa al orar por otras personas. Cuando oramos por otras personas, no solo reciben bendición, sino que Dios nos bendice a nosotros también.

> **Dios respondió mi oración**
>
> *Cuando mi nana tenía un linfoma maligno, oré que no muriera con dolor. Todos estábamos durmiendo alrededor de su cama cuando Dios se la llevó estando tranquila.*
>
> Sophia (ocho años de edad)

Planta semillas con tus oraciones

¿Alguna vez has plantado una semilla y la has visto convertirse en algo? Quizá se convirtiera en algo grande y fuerte, o en algo pequeño y delicado. Puede convertirse en alimento para comer, o en una flor que es bella a la vista, o en un árbol gigante que da sombra en el verano y leña en el invierno. La oración es también así. Es como una semilla que plantamos en el corazón de Dios. Entonces Dios la riega y la alimenta. Y se convierte en algo grande o pequeño. Hermoso o sencillo. Algo que nos bendice a nosotros y a otros. Es divertido plantar cosas en oración y ver lo que cultiva Dios.

Una vez conocí a dos hermanas que no se llevaban bien. Peleaban muchísimo, y dejaron de hablarse por completo. Comencé a orar por ellas para que dejaran de pelearse y se amigaran de nuevo. Todos los días plantaba las semillas de la paz de Dios en la oración. Decía: «Señor, permite que tu paz viva en sus corazones para que tengan pensamientos y sentimientos pacíficos entre sí». Un día se cansaron de no hablarse, se pidieron disculpas y se reconciliaron. Mis oraciones fueron las semillas que Dios convirtió en algo importante.

Cuando los niños oran por las cosas, ocurren cosas grandes, en especial cuando oran por sus amigos, familiares y otros. Pídele a Dios que se encargue de tus relaciones. Pídele que te ayude a plantar semillas de paz y amor en otras personas.

MI ORACIÓN
a Dios

Querido Señor, te pido que yo siempre tenga amigos buenos y piadosos. Muéstrame si alguna vez tengo amistades que no te glorifiquen a ti. Si tengo una amistad que no me convenga, te ruego que te lleves esa amistad y traigas un mejor amigo a mi vida. Te pido hoy por mis amigos, y en especial por _____, _____ y _____. Ayúdame a ser un buen amigo para ellos. También te pido por todos los miembros de mi familia, en especial por _____, _____ y _____.
Bendice a mis maestros, mi pastor y las personas en otros lugares que necesitan conocerte y necesitan tu ayuda. En especial quiero orar por _____.
Bendícelos a todos, Señor. Te lo pido en el nombre de Jesús.

Querido Señor, las otras cosas por las que quiero orar hoy son...

LA PALABRA DE DIOS para mí

Ayúdense unos a otros
a llevar sus cargas, y así cumplirán
la ley de Cristo.

Gálatas 6:2

que me ayude a hacer lo correcto

¿Alguna vez te parece como que es imposible hacer siempre lo correcto? La única manera en que es posible hacer lo correcto a cada momento es buscar la ayuda de *Dios*. Y eso es algo por lo que puedes orar. Yo soy adulta y *todavía* oro por eso.

Analiza la lista en la página siguiente de algunas de las cosas en que los chicos tienen problemas para hacer lo correcto. ¿Tienes problemas con algunas de ellas? Si puedes pensar en un par de cosas para añadirlas a esa lista, escríbelas en las dos últimas líneas. No te avergüences por eso. Todo el mundo tiene algo en lo que le cuesta trabajo hacer lo correcto.

La mayoría de los chicos saben lo que tienen que estar haciendo. Sin embargo, a veces les cuesta trabajo hacerlo. La buena noticia es que puedes pedirle a Dios que te ayude a hacer las cosas que tienes problemas para hacer. Por ejemplo, puedes pedirle que te ayude a obedecer a tus padres. Pídele que te ayude a recordar que debes arreglar la cama, sacar la basura, ayudar a lavar los platos o apagar el televisor y terminar tu tarea. Pídele que te ayude a obedecer a tus maestros, las reglas, la ley y a Él. Todos podemos meternos en problemas cuando pensamos que *sabemos* qué hacer y dejamos de pedirle a Dios que nos muestre si lo estamos haciendo.

Lo que tienes que recordar es que las reglas de Dios son para *tu* bien. No existen para hacerte un infeliz ni para arruinarte la vida. Existen para *ayudarte*. Es que cuando uno se guía por las reglas de Dios, las cosas salen bien. Cuando no se vive por las reglas de Dios, nada sale bien. Y aunque Dios nos ama, no sentiremos la profundidad de su amor ni su presencia, si no lo obedecemos.

¿Sabías que siempre que obedeces las leyes de Dios hay bendiciones que Dios tiene para ti porque obedeciste? Es cierto. Y cuando no obedeces, no obtienes esas recompensas. Analiza algunas de las recompensas de obedecer a Dios que están anotadas en las siguientes páginas. ¿Cuáles son las más importantes para ti?

Cosas malas que la mayoría de los chicos se ven tentados a hacer

- Mentir
- Desobedecer a mis padres
- Chismear de alguien
- Ser egoísta con mis cosas
- Ser malo con mi hermano
- Ir en bicicleta más lejos de lo permitido
- Ir a nadar sin un adulto
- Molestar a mi hermanita
- No tomar mis vitaminas
- Ver programas de televisión prohibidos
- Jugar demasiados juegos de vídeo
- Quedarme levantado después de la hora de dormir
- Hablar y dibujar en clase
- No hacer mi tarea
- Meter animales a escondidas en la casa
- Tomar las cosas de mi hermano
- Ponerme las joyas de mi madre
- Comer alimentos que son malos para mí

Siete buenas razones para obedecer a Dios

1. *Cuando obedeces, tus oraciones se escuchan y reciben respuesta*. La Biblia dice: «Si en mi corazón hubiera yo abrigado maldad, el Señor no me habría escuchado» (Salmo 66:18). Dios

no escuchará nuestras oraciones si pensamos hacer algo malo y lo hacemos. Cualquier acto malo comienza con un *primer* pensamiento. Si te puedes meter en problemas con solo pensar hacer algo malo, debes decírselo a Dios en el momento en que te des cuenta que lo estás pensando. Di: «Señor, estoy pensando en escuchar a escondidas este programa de televisión que mamá dijo que no viera. Ayúdame a dejar de pensarlo y dame fuerzas para no hacerlo». A Dios le gusta que ores así y dependas de su ayuda. Ora: «Señor, ayúdame a obedecerte para que pueda siempre recibir respuestas a mis oraciones».

2. *Cuando obedeces a Dios, tienes la amistad de Dios.* Jesús dijo: «Ustedes son mis amigos si hacen lo que yo les mando» (Juan 15:14). Una de las maneras en que Dios ve que eres su amigo es si lo obedeces. La obediencia a tus padres es lo mismo que la obediencia a Dios, pues uno de sus mandamientos es que obedezcas a tus padres. Ora: «Señor, ayúdame a obedecer tus leyes para que pueda ser siempre tu amigo íntimo. Ayúdame a obedecer a mis padres también».

3. *Cuando obedeces a Dios, estarás seguro y protegido.* Dios dice en la Biblia: «Pongan en práctica mis estatutos y observen mis preceptos, y habitarán seguros en la tierra» (Levítico 25:18). Los «estatutos» de Dios y los «preceptos» son sus leyes y mandamientos. Él promete que si obedeces sus leyes, te cubrirá al igual que un paraguas te cubre de la lluvia. Cuando el paraguas protector de Dios viene a ti, te mantiene protegido de las cosas malas que pueden caer en tu vida. Ora: «Señor, ayúdame a obedecerte para que siempre esté protegido».

4. *Cuando tú obedeces a Dios, eres más feliz.* La Biblia dice: «¡Dichosos los que son obedientes a la ley!» (Proverbios 29:18). Hay algo en cuanto a hacer lo bueno que te hace sentir bien contigo mismo y con tu vida. Cuando haces lo malo, te sientes culpable y mal por

las cosas. La vida se disfruta mucho más cuando te sientes feliz contigo mismo. Ora: «Señor, ayúdame a obedecerte para que me sienta feliz y bien en cuanto a mi vida».

5. *Cuando obedeces a Dios, Él te bendice*. Jesús dijo: «Bienaventurados los que oyen la palabra de Dios, y la guardan» (Lucas 11:28, RV-60). Las bendiciones de Dios vienen en todas formas y tamaños. Quizá te bendiga con buena salud, con un tiempo de alegría, con amigos, con las amabilidades de la gente, con buenas cosas, con sentimientos alegres o con triunfos. Todo el mundo quiere tener las bendiciones de Dios porque nos hace sentir bien. Dios nos bendice cada día, pero cuando lo obedecemos, Él nos da bendiciones especiales que no tendríamos de otra manera. Ora: «Señor, ayúdame a obedecerte para que pueda recibir todas las bendiciones que tienes para mí».

6. *Cuando obedeces a Dios, Él muestra su amor por ti en mayores maneras*. Jesús dijo: «El que tiene mis mandamientos, y los guarda, ese es el que me ama; y el que me ama, será amado por mi Padre, y yo le amaré, y me manifestaré a él» (Juan 14:21, RV-60). Dios siempre te ama no importa lo que hagas. Nada logrará que deje de amarte. Pero cuando lo *obedeces*, Él muestra su amor por ti de una manera mucho más grande que si no lo obedeces. Ora: «Señor, ayúdame a obedecerte para que cada vez más pueda sentir más de tu amor».

Lo que oran los chicos

Querido Señor, ayúdame a obedecer a mis padres y a obedecerte a ti. Me disgusta meterme en problemas. No sé por qué hago esas cosas. Por favor, recuérdamelo, y pensaré en las consecuencias antes de que ocurran.

Jason (doce años de edad)

algo malo de lo que no te has dado cuenta. Di: «Señor, muéstrame si estoy haciendo algo malo sin darme cuenta». Él lo hará. Es mejor para Él mostrártelo ahora antes que lo descubra otra persona.

Las cosas que hacemos que no queremos hacer

Todos nosotros hacemos cosas que no queremos hacer. No podemos triunfar en la vida a menos que estemos *dispuestos* a hacer cosas que no disfrutamos. Incluso el mejor trabajo tiene cosas que no nos gustan hacer. Cuando de todos modos hagas las cosas que no quieres hacer pero que *tienes* que hacer, disfrutarás más las cosas que *quieres* hacer. Por ejemplo, quizá parte de la obediencia a tus padres es hacer tus tareas o trabajos escolares *antes* de ir a jugar lo que quieres jugar o hacer algo divertido que quieres hacer con tus amigos. Quizá no quieras hacer esas cosas, pero si las haces enseguida sin quejarte, es muy probable que disfrutes por completo las cosas que *quieres* hacer. Cuando tienes que hacer algo que no quieres hacer, pídele a Dios que te ayude. Él lo hará. Él te ayudará a terminarlo y lo hará para que puedas entonces hacer las cosas que quieres hacer.

a Dios

Querido Señor, ayúdame a obedecerte de la manera que quieres que lo haga para que pueda yo llegar a ser la persona que quieres que sea. Sé que para triunfar en la vida tendré que hacer cosas que no deseo hacer. Ayúdame a tener una buena actitud en eso. Ayúdame a obedecerte a ti y a mis padres. Ayúdame cada día a hacer las cosas que no deseo hacer. Quiero recibir todas las bendiciones que tienes para mí. Muéstrame si hay algo en mi vida en que no estoy haciendo lo correcto. Recuérdame cuando pienso en hacer algo malo, a fin de que pueda confesártelo y no hacerlo. Te lo pido en el nombre de Jesús.

Querido Señor, las otras cosas por las que quiero orar hoy son…

para mí

Recibimos todo lo que le pedimos
porque obedecemos sus mandamientos
y hacemos lo que le agrada.

1 Juan 3:22

cuando no puedas verlo ni escucharlo, puedes seguir sintiendo su amor. Lo que es diferente en tu mamá y en tu papá es que son seres humanos, y eso significa que no son perfectos. Algunas veces cometen errores. Dios es perfecto. Él nunca comete errores.

> **Lo que oran los chicos**
>
> *Señor, ayúdame a mantenerme pura, seguir tu dirección, resistir la tentación y temerte a ti.*
>
> Kathryn (once años de edad)

Todo el mundo comete errores

Lo más importante que debes recordar cuando cometes errores y sin querer no haces lo que es correcto es que debes confesarlo a Dios enseguida. Él comprende cuando tú has cometido un error y te perdona al instante. La confesión a Dios primero hace más fácil confesárselo a otra persona si necesitas hacerlo.

Solo para asegurarte que no cometes errores muy a menudo, puedes orar a Dios y pedirle que te muestre si estás haciendo

> **Lo que oran los chicos**
>
> *Querido Dios, quítame la tentación de alejarme de ti.*
>
> Chris (doce años de edad)

7. *Cuando obedeces a Dios, tendrás una larga vida.* La Biblia dice: «No olvides mis enseñanzas, hijo mío; guarda en tu memoria mis mandamientos, y tendrás una vida larga y llena de felicidad» (Proverbios 3:1-2, DHH). Existen muchas personas que han acortado sus vidas porque no obedecieron a Dios ni a sus padres. Siguieron adelante e hicieron algo que sabían que no debían hacer y pagaron un precio muy alto por eso. Tú puedes evitarlo al pedirle siempre a Dios que te ayude a obedecerlo. Ora: «Señor, ayúdame a obedecerte siempre para que pueda vivir una vida larga y buena».

Dios es como un padre santo

Dios es como tu mamá o tu papá. Él es un padre también. Él es tu Padre celestial. Y Él hace todas las cosas que haría una mamá o un papá amoroso y más. No importa si tú haces algo bueno o algo malo, tus padres siguen siendo tus padres. Ellos siguen amándote. Quizá tengan que disciplinarte, pero lo hacen porque te aman.

> **Lo que oran los chicos**
>
> *Querido Señor, gracias por todo lo que has hecho por mí y por mi familia. Perdóname todos los pecados que he cometido. Y ayúdame a ser mejor en mi actitud y temperamento. Amén.*
>
> Landrie (diez años de edad)

Dios es igual. Cuando haces algo malo, sigue siendo tu Padre celestial y no te ama menos. Tú puedes ir siempre a Él y confesarle lo que hiciste mal y Él te perdonará.

Aun cuando no tengas a tu mamá ni a tu papá junto a ti, puedes seguir sintiendo su amor. Con Dios es lo mismo. Aun

7

YO ORO A DIOS
por las cosas que me preocupan

Los chicos se preocupan por un montón de cosas. Creo que los chicos se preocupan ahora más que nunca. Eso se debe a que ven demasiadas cosas en la televisión, en las películas, en las revistas y en Internet que asustan. Terminan preocupándose por cosas en las que solo deben pensar los adultos. En la página siguiente están algunas de las cosas que más preocupan a los niños. Circula en esta lista las cosas que te preocupan y luego ora por ellas.

Ojalá que nunca tengas que preocuparte por nada. Tú eres pequeño y debes poder disfrutar tu niñez. Pero sé que tienes preocupaciones porque todos los chicos las tienen. Es por eso que quiero enseñarte a poner las cosas que te preocupan en las manos de Dios y dejar que *Él* se ocupe de ellas. Eso se hace orando por ellas.

Sé que como eres pequeño y los problemas a tu alrededor parecen ser gigantescos, quizá te parezca que la oración no es suficiente para resolverlo todo. Sin embargo, tienes que recordar que nada es demasiado grande para Dios. Y nada es imposible para Él. Por lo tanto, no dudes en orar a Dios por las cosas que te preocupan. Él puede ocuparse de ellas.

Lo que a la mayoría de los chicos les preocupa

- Morir o que lo maten
- Tener un accidente
- Tener salud
- La seguridad de la familia
- Irle bien en la escuela
- Tener amigos y caer bien
- Que sus padres se divorcien
- Estar seguro en la escuela
- Hacer lo correcto
- Recibir buenas calificaciones
- Satanás y sus planes
- Los problemas del mundo
- La guerra y nuestras tropas
- La seguridad de mis mascotas
- La seguridad del presidente
- Tener una fe en Dios suficientemente fuerte

Preocuparse menos, orar más

La Biblia dice que no nos inquietemos por nada (Filipenses 4:6). Eso significa que no debes preocuparte por *nada*. En su lugar, debes orar por *todo*. Y Dios promete que si oras por todo y le das gracias de corazón, Él te dará paz.

¿No es verdad que te gusta que te cumplan lo que te prometen? ¿Y qué de cuando te dicen que van a hacer algo por ti y lo hacen, o cuando prometen darte algo y recuerdan dártelo? ¿No lo aprecias? Las personas nos desilusionan y nos hieren cuando nos prometen algo y luego no lo cumplen. Pero las personas no son perfectas. Ellas olvidan. A veces prometen cosas que no pueden cumplir.

Dios respondió mi oración

Al principio del tercer grado, estuve muy enferma con mononucleosis. ¡Estuve enferma dos meses seguidos! Me sentía bien mal, y mi mamá tenía que dormir en mi cuarto por temor a que la garganta se me cerrara debido a la inflamación. Entonces vino mi vecina y oró por mí. Al día siguiente había mejorado cincuenta por ciento, y regresé a la escuela una semana más tarde. ¡Fue un milagro!

Claire (once años de edad)

Dios nos hace promesas a nosotros también, pero Él es perfecto. Él siempre *cumple* su promesa. Las promesas que nos hace jamás deja de cumplirlas. El lugar en el que encontramos sus promesas para nosotros es en su Palabra, la Biblia. Y cada vez que leemos o decimos una de sus promesas, fortalecemos nuestra fe.

Dios nos ha prometido que si oramos por las cosas en lugar de inquietarnos por ellas, nos dará paz (Filipenses 4:6-7). Tú puedes estar seguro de que Él cumplirá esa promesa.

> **Dios respondió mi oración**
>
> *Cuando era pequeña, mi abuelo se puso muy enfermo. Oré que se curara. Eso pasó hace cinco años, ¡y él está saludable y a punto de cumplir setenta y cinco años de edad!*
>
> Kaitlyn (doce años de edad)

Con lo que más lucho

Cuando mi familia se trasladó a un nuevo estado, mi hija tenía doce años de edad. Cuando Amanda comenzó a ir a la nueva escuela, atravesó un tiempo muy difícil. Todo era diferente. La manera en que hablaban, vestían y actuaban las personas no eran las mismas que ella acostumbraba. Fue el año más difícil de su vida. Durante ese tiempo, aprendió a repetir una y otra vez: «Todo lo puedo en Cristo que me fortalece» (Filipenses 4:13). Esta es la promesa de la Palabra de Dios de que *Él* nos fortalece cuando sentimos que no podemos resistir los tiempos difíciles.

> **Lo que ora la mayoría de los chicos**
>
> - Ponerse bien
> - Estar y sentirse seguro
> - Que su familia siga bien
> - Tener buenos amigos
> - Que su familia se mantenga unida
> - Por perdón
> - Por sabiduría, fortaleza y valor
> - Hablarles a otros de Dios
> - Tener un buen día en la escuela
> - Que las personas conozcan al Señor
> - Darle gracias a Dios por todo lo que Él nos ha dado
> - Salir bien en los exámenes de la escuela
> - Por su papá cuando viaja
> - Que cuide a nuestro ejército
> - Por los problemas del mundo como las guerras y los desastres
> - Por otras personas y amigos
> - Que se lleve bien con la madrastra
> - Por los líderes de la nación
> - Por las cosas que le preocupan ese día

Amanda todavía repite ese versículo siempre que lucha con algo. Dice que ahora es el «versículo de su vida». Eso significa que vive su vida cada día sabiendo que esta promesa de Dios es siempre verdadera para ella.

Este es un buen versículo para *ti* también. cada vez que las cosas se pongan difíciles y te parezca que no puedes hacer lo que tienes por delante, repítelo una y otra vez. Te dará fe y fortaleza. Para ayudarte a recordar Filipenses 4:13, completa las palabras del versículo en las líneas a continuación. Estúdialo siempre que tengas problemas.

Mi nombre es _____, y _____ lo puedo en _____ que _____ _____.

Los chicos se preocupan por sus mascotas

A los chicos les encantan sus mascotas. Los animales son como amigos fieles con los que puedes contar siempre. Los chicos a menudo se preocupan de que les pase algo malo a sus mascotas, pues no viven tanto como las personas. Es por eso que es muy bueno orar por ellas. La oración no solo ayuda a mantenerlas protegidas, sino que también te ayuda a quitarte las preocupaciones por ellas. Entonces tú puedes disfrutar a tus mascotas y divertirte con ellas sin tener que estar preocupado siempre de que algo les vaya a pasar.

Dios respondió mi oración

Un día mi hámster Wilbur se puso muy enfermo. Creo que uno de los otros hámsteres lo golpeó. Él era mi hámster preferido, y me puse muy triste al ver que no podía jugar ni comer. Mamá, Papá y yo oramos por él. Después que oramos, Mamá me dijo que ahora estaba en las manos de Dios, y que podíamos confiar en que Él haría lo mejor. Al día siguiente Wilbur ya estaba bien. Dios lo sanó.

Christopher (siete años de edad)

La oración por tus mascotas no quiere decir que nunca les pasará nada. A ellas les pasan ciertas cosas porque son diferentes a nosotros. No fueron creadas para que vivieran mucho tiempo. Cuando oras por tus mascotas, Dios prepara tu corazón para el día cuando dejes de tenerlas. Él te ayuda a comprender que las mascotas están en sus manos y que Él las cuida a ellas también. Y cuando les pase algo, tendrás más paz en cuanto a eso que la que tendrías si no hubieras orado. Dios quiere que disfrutes tus mascotas y las cuides bien mientras están aquí, y que no estés preocupado por ellas a cada momento.

¿Qué te preocupa?

Todo el mundo se preocupa por algo en algún momento. Es por eso que Dios nos recuerda en su Palabra que no nos preocupemos.

Dios respondió mi oración

Nuestra perra, Cassie, contrajo una terrible enfermedad. Antes de que mamá la llevara al veterinario, oramos por ella. Cuando me dieron a Cassie, mi mamá me dijo que algún día moriría porque los perros no viven tanto como las personas. Me dijo que la debíamos disfrutar mientras estuviera aquí y que luego estuviéramos dispuestos a dejarla ir cuando le llegara el momento de morir. Oramos que Cassie sanara porque yo no estaba lista para dejarla partir. Aun así, ella no mejoró. Murió a la semana. Sé que Dios escuchó mis oraciones y las respondió a su manera, pues después que Cassie murió yo tuve muchos recuerdos felices de cuando estaba con nosotros. Lloré, pero lo superé. En Navidad recibí una gata. Ahora oro por Chelsea como oraba por Cassie.

Mandy (doce años de edad)

¿Cuáles son algunas de las cosas que te preocupan? Anota seis cosas por las que te preocupas:

1.

2.

3.

4.

5.

6.

Ahora escribe una oración a continuación pidiéndole a Dios que se encargue de esas cosas y te ayude a dejar de preocuparte por ellas.

Cada vez que te sientas preocupado por algo, ponte a orar. Recuerda que nada es imposible para Dios (Lucas 1:37). Así que no importa cuán serias e importantes sean las cosas que te preocupan, porque Dios se ocupará de ellas por ti. Si sigues preocupado todavía, díselo a tu mamá o a tu papá y pídeles que oren por ti. Es más, deja que los adultos se preocupen *por* ti. La mayoría de nosotros somos muy buenos en eso.

MI ORACIÓN
a Dios

Querido Señor, sé que no quieres que me preocupe por nada, pero a veces lo hago. Las tres cosas que más me preocupan hoy son_____, _____ y _____.
Gracias porque tú te ocupas de las cosas que me preocupan. Te ruego que te encargues de estas cosas para que yo pueda tener paz en cuanto a ellas. Te lo pido en el nombre de Jesús.

Querido Señor, las otras cosas por las que quiero orar hoy son…

LA PALABRA DE DIOS para mí

No se inquieten por nada; más bien,
en toda ocasión, con oración y ruego,
presenten sus peticiones a Dios
y denle gracias. Y la paz de Dios,
que sobrepasa todo entendimiento,
cuidará sus corazones y sus pensamientos
en Cristo Jesús.

Filipenses 4:6-7

8

que es difícil esperar las respuestas a mis oraciones

¿Alguna vez has sentido que una de las cosas más difíciles de la oración es esperar una respuesta a tus oraciones? Yo también me he sentido de esa manera. Creo que todo el mundo se siente de esa manera a veces.

A menudo, Dios responde a nuestras oraciones enseguida, pero la mayoría de las veces se tarda más de lo que queremos que lo haga. Cuando tenemos que esperar mucho tiempo, podemos sentirnos tristes, frustrados, enojados, molestos o con deseos de darnos por vencido. Sin embargo, tenemos que acordarnos de seguir orando y confiando en que Dios da contestación sin importar cuánto demore.

Existen diferentes razones por las que nuestras oraciones no reciben respuesta de inmediato. A veces se debe a que quiere que aprendamos a confiar más en Él. Así que nos deja esperar a fin de ver si nuestra fe es lo bastante fuerte para *continuar* confiando en Él, aun cuando no veamos todavía la respuesta.

Algunas veces nuestras oraciones *reciben respuesta*, pero no como lo pedimos. Y por eso no reconocemos las respuestas a nuestras oraciones.

A veces *parece* que nuestras oraciones no van a recibir respuesta, pero la verdad es que Dios no las ha contestado *todavía*. El tiempo de Dios es diferente al nuestro. Nosotros queremos que las cosas pasen ya. Pero Dios se toma el tiempo que Él necesita para hacer lo que necesita hacer.

Alguna que otra vez oramos que ocurra una cosa determinada, pero no es la voluntad de Dios hacer lo que pedimos. Digamos, por ejemplo, que oraste que tu amigo no se mudara, pero él terminó mudándose de todas maneras. Quizá era la *voluntad* de Dios que se mudara a ese nuevo lugar porque sus mayores bendiciones estarían allí. Eso no significa que tú oraste mal. Oraste de corazón, pero esa no era la voluntad de Dios en cuanto a tu amigo. Al menos te puedes sentir bien porque oraste. Y la oración siempre logra algo bueno, aun si el resultado no es el que esperabas.

Tú quizá pienses: *Bueno, ¿para qué orar entonces si Dios no va a cambiar de opinión?* Sin embargo, hay cosas que Dios no hará en la tierra a menos que oremos por ellas. Uno nunca sabe. Tal vez ores que tu amigo no se mude, y al final tu amigo *no* se muda. Su familia se *iba* a mudar, pero no era la voluntad de Dios que lo hicieran y, debido a que oraste, no se mudaron. Es por eso que tenemos que orar siempre. Cuando oras por las personas, las ayudas a escuchar de Dios. Es como abrir un canal desde Dios hasta ellas, y son más capaces de recibir orientación de Él.

Cómo se lleva un diario de oración

Una de las cosas que aprendí a hacer cuando tenía problemas en cuanto a esperar la respuesta de Dios a mis oraciones fue hacer mi propio diario de oración. Al principio de cada página escribía una oración. Dejaba la mitad de la página en blanco, pues así podía escribir allí la respuesta a la oración cuando llegaba.

Muchas veces las oraciones recibían respuesta enseguida, pero otras veces pasaban meses o incluso todo un año antes de ver algunas de mis oraciones contestadas. Cada vez que revisaba las páginas y veía que una de mis oraciones no tenía respuesta, oraba de nuevo por eso. O si no se respondían de la manera que pensaba que sería, escribía la forma en que Dios *respondió* aquella oración.

Por ejemplo, cuando se enfermó el abuelo de mi amigo, oré que se pusiera bien. Pero no se puso bien. Murió. Eso no significa que Dios no escuchó mis oraciones. Quiere decir que Dios quería que se fuera al cielo a estar con Él. Así que en mi diario de oración, en la mitad inferior de la página debajo de mi oración por él, escribí: «El abuelo de John se fue a estar con Jesús. Me imagino que Dios pensó que su tiempo en la tierra había terminado. A pesar de eso, en el funeral sentí el amor y la paz de Dios. Creo que así fue cómo contestó Dios mis oraciones».

Cuando encuentro difícil esperar respuestas a mis oraciones, miro hacia atrás en mi diario de oración y recuerdo lo que ha hecho Dios. Me ayuda leer acerca de todas las oraciones que ya me ha contestado. Me recuerda que Él es fiel para escuchar mis oraciones y responderlas. Me ayuda a tener más fe y paciencia para esperar. A veces miro hacia atrás y veo que Dios ya respondió una determinada oración, y no me había dado cuenta porque su respuesta fue muy diferente a la que pensaba que sería. Muchas páginas en mi libro están llenas porque ya Dios respondió esas oraciones. Algunas páginas todavía están a medio llenar porque no he visto la respuesta todavía. Sé que un día mi libro estará lleno.

Trata de hacer tu propio diario de oración. Te ayudará a esperar por las respuestas a tus oraciones.

Dios respondió mi oración

Una vez cuando estaba enferma, le pedí a Dios que me sanara. Él no me sanó enseguida, pero contestó mi oración. Aun cuando quería que me respondiera con más rapidez, Él contestó cuando quiso hacerlo.

Mandy (doce años de edad)

Cuando parece que Dios no te escucha

¿Alguna vez has sentido como si Dios no escuchara tus oraciones? A veces me he sentido de esa manera. Sin embargo, la Biblia dice que Dios *siempre* escucha nuestras oraciones. Solo es que no siempre las responde *cuando* pensamos que lo hará. Solo porque Dios no te ha respondido *todavía* tus oraciones, no significa que no lo va a hacer o que no te ha escuchado. Él solo quiere que tengas fe para esperar por la respuesta.

Algunas veces Dios responde nuestras oraciones de manera diferente a la que esperamos, así que no reconocemos las respuestas a nuestras oraciones. Él ya respondió, pero no lo vemos. Y a veces oramos muchísimas oraciones que no nos damos cuenta lo mucho que Dios tiene que hacer para responderlas todas. Tenemos que darle el tiempo que Él necesita.

Lo que oran los chicos

Querido Jesús, protégeme, guíame y cuida de mí, te lo ruego. Protege a mi familia, a mis amigos, al presidente, a mis maestros y a nuestras tropas. No dejes que tenga sueños malos. Perdona mis pecados. Sana a todos los enfermos. En el nombre de Jesús, amén.

Sophia (ocho años de edad)

¿Qué puedo hacer cuando no se han contestado las oraciones?

He aquí cuatro posibles motivos por los cuales nuestras oraciones no han recibido respuesta y lo que podemos hacer entonces.

1. *A veces nuestras oraciones no han recibido respuesta porque tenemos que pedirle a Dios que nos dé más fe.* ¿Sabías que puedes orar a Dios y pedirle más fe de la que ya tienes? Una posible razón de que Dios no haya contestado tus oraciones quizá sea que quiere que aprendas a tener una fe más fuerte.

Todo el mundo tiene puesta su fe en algo, y Dios es más confiable que cualquiera otra cosa en la que podamos poner nuestra fe. Algunas veces Él retrasa las respuestas a nuestras oraciones para ver si creemos de verdad lo que Él dice sobre escucharlas y responderlas. Él quiere que nosotros le tomemos la palabra sin importar cuánto se demore en responder.

Una de las cosas que necesitas recordar es que junto con la presencia de Dios viene su poder. Su poder es lo que nos ayuda a vencer cualquier problema que enfrentamos. Tú y yo no somos lo bastante fuertes para hacer que pasen las cosas que necesitamos que pasen en nuestra vida, pero *el poder de Dios* sí lo es. Cuando oramos y le pedimos a Dios que nos ayude, y tenemos fe que Él tiene poder para hacerlo, el Señor puede obrar a través de nuestras oraciones y pueden ocurrir cosas grandes.

Dios no es un Papá Noel santo que te da lo que le pides cuando le entregas una lista de cosas que quieres. Él desea más que una lista. Él quiere tu corazón. No quiere que solo lo llames y le dejes un mensaje en el contestador automático. Quiere una relación contigo. Quiere hablar contigo y escuchar lo que piensas acerca de todo lo que está pasando en tu vida. Aun cuando Él lo sabe todo y lo ve todo, de todos modos quiere oírlo de ti. Hace falta fe para contárselo todo a Dios.

2. *A veces nuestras oraciones no han recibido respuesta porque primero tenemos que perdonar a alguien.* A Dios no le gusta que no perdonemos. Así que mientras tú estás esperando por su respuesta a tus oraciones, pregúntale si hay alguien al que tienes que perdonar. Si lo hay, Él traerá a tu mente esa persona y lo que pasó. Aun si es alguien que ya perdonaste, perdónalo otra vez. De vez en cuando, la falta de perdón puede deslizarse de nuevo en nuestro corazón y necesitamos sacarla.

3. *A veces nuestras oraciones no han recibido respuesta porque no obedecemos a Dios en algo.* Es posible que estés haciendo algo que no lo honra a Él. Por ejemplo, si has desobedecido a tus padres, a Dios no le gusta eso. Has desobedecido uno de sus mandamientos. Quizá Él retenga la respuesta a tus oraciones hasta que dejes de hacer eso y se lo confieses como pecado.

4. *A veces nuestras oraciones no han recibido respuesta porque no hemos tenido paciencia para esperar que Dios lo crea oportuno.* Siempre queremos las respuestas a nuestras oraciones al instante. Pensamos: *Si Dios puede hacer cualquier cosa, puede responder mis oraciones ahora mismo.* Sin embargo, Él no trabaja de esa manera. Dios tiene que hacer muchas cosas antes de responder nuestras oraciones. A veces nuestras oraciones pueden tomar días, semanas, meses y hasta años para que se respondan. Eso no quiere decir que se perdieron en el cielo, ni que Dios no piense que son importantes. Solo significa que algunas cosas toman tiempo.

Dios respondió mi oración

Cuando yo tenía cinco años, le pregunté a Dios si podía darme una hermanita, y Dios respondió mi oración. Llevó algún tiempo, pero recibí una bella hermanita aun cuando el médico dijo que no era posible.

Landrie (diez años de edad)

Dios quiere que seas sincero por completo con Él acerca de todas las cosas que están en tu corazón. Si te sientes molesto, disgustado o frustrado, quiere que se lo digas. Si se demoran demasiado las respuestas a tus oraciones, y te desalientas, necesitas decirle eso también. No te des por vencido. Sigue orando y confiando que Dios sabe más que nosotros. Al fin y al cabo, Él es Dios.

¿Has sentido alguna vez miedo de orar por alguna persona porque pensaste: *¿Qué si Dios no responde mi oración?* Pues bien, no tienes que preocuparte por eso. *Tu* parte es orar. Y la de *Dios* es responder. Tú solo tienes que hacer *tu* parte y dejar a Dios que haga la suya.

a Dios

Querido Señor, gracias porque me escuchas cuando oro a ti. Gracias porque eres un Dios bueno y responderás siempre mis oraciones. Confío en ti y creo que tu respuesta será la apropiada en el momento oportuno. Sé que me amas y solo quieres lo mejor para mí. Ayúdame a no desanimarme ni perder la fe cuando no vea enseguida una respuesta a mis oraciones. Ayúdame a tener una fe más fuerte y a no dudar. Muéstrame si hay alguien al que debo perdonar. Te lo pido en el nombre de Jesús.

Querido Señor, las otras cosas por las que quiero orar hoy son…

para mí

Pero que pida con fe, sin dudar,
porque quien duda es como las olas del mar,
agitadas y llevadas de un lado a otro por el viento.

Santiago 1:6

LE DOY GRACIAS A DIOS
por todos sus regalos

¿No te encanta recibir regalos? ¿No es divertido abrir un regalo en tu cumpleaños, en Navidad o en alguna ocasión especial y ver lo que está dentro? Tu mamá y tu papá, tus familiares o tus buenos amigos quizá te den estupendos regalos, pero los mayores regalos de todos son los que te da Dios. Él te da regalos todos los días.

A todo el mundo le gusta que sean agradecidos por los regalos que dan. Cuando tú no les das gracias a las personas, piensan que no aprecias su regalo, su amabilidad ni a ellas. Hace que no vuelvan a tener ganas de dar más regalos.

Dios es así también. Le gusta que le agradezcan sus regalos. Cuando no le das gracias, se pone triste porque parece que no lo aprecias a Él ni lo que ha hecho por ti. Dios quiere que aprecies sus regalos, pero incluso más que eso, quiere que lo aprecies a *Él*.

Cada vez que le das las gracias a Dios por ser quien es, por lo que ha hecho, y todo lo que te ha dado, lo haces feliz. Es por eso que tienes que darle gracias a Dios a menudo por todo lo que *Él* es para ti y todo lo que ha *hecho* por ti. Incluso, puedes darle gracias por todo lo que *va* a hacer por ti en el futuro.

Ese tipo de gratitud que se le tiene a Dios y que se expresa sinceramente se llama *alabanza y adoración*. Al único que debemos adorar en la vida es a Dios. Solo *Él* merece toda nuestra adoración y alabanza. Y Él merece toda nuestra alabanza a cada instante, no importa lo que esté pasando.

Grandes cosas ocurren cuando alabamos a Dios

¿Sabes lo que es un embudo? Es un utensilio de plástico o metal que tiene la forma parecida a un barquillo de helado. Tú puedes echar algo en el extremo ancho de la parte de arriba, y saldrá por el agujero en el extremo pequeño de la parte de abajo. ¿Alguna vez te ha goteado el helado por la parte de abajo de tu barquillo? Eso es lo que le pasa a un embudo, solo que con toda intención.

Nosotros necesitamos embudos porque de esa manera podemos echar algo de un recipiente grande en uno más pequeño sin que gotee ni que se derrame. Y así es con exactitud la manera en que funciona la alabanza en nuestras vidas. Es como un embudo. Cuando elevamos alabanza a Dios, es como si levantáramos las manos y los brazos hacia el cielo y formáramos un embudo. Y

Lo que oran los chicos

Querido Señor, estoy agradecida por mi mamá, mi papá, mi hermana, mi hermano, mi auto, mi familia y mi salud. Estoy agradecida por mis amigos, y estoy agradecida por un buen hogar. Ah, y una cosa más. Estoy agradecida por tu Hijo que murió en la cruz por nosotros. Estoy agradecida porque eres mi Padre. Cuánto te amo, Dios. Te amo muchísimo. Un montón. Te amo más que cualquier cosa en la tierra. Eres maravilloso. Te amo como mi Padre más estupendo. A nadie se ama más que a ti. Lo que me gusta de ti, Dios, es todo. No hay nada que no me guste...

Sophia (ocho años de edad)

Dios, que es muy grande y contiene muchísimo, echa grandes cosas en nosotros que somos pequeños y podemos recibir exactamente lo que nos da.

Alabamos a Dios no para recibir regalos de Él. Lo alabamos para darle gracias por los regalos que ya nos ha dado. Es adorarlo por lo que es Él y todo lo que ha hecho. Sin embargo, Dios es tan bueno que hace que todo lo que tiene que ver con *Él* sea lo que más *nos* bendice. Cada vez que alabamos a Dios, nuestras alabanzas son como un embudo, y Él vierte cosas buenas en nosotros y nuestras vidas. ¿No es maravilloso?

¿Qué vierte Dios en nosotros?

Cuando alabamos a Dios, lo que vierte en nosotros es de sí mismo. Derrama su amor. Su paz. Su gozo. Sus bendiciones. Su provisión. Su protección. Su poder. Su libertad. Su verdad. Y todo lo que tiene que darnos que nos es posible contener.

Si orar es comunicarse con Dios, la alabanza es la forma más pura de comunicación. Es pura porque tiene que ver solo con Dios. Nuestra atención está por entero en Dios y en quién es Él. En esos momentos no pensamos en nosotros, ni en lo que queremos. Sin embargo, como Dios conoce lo que *necesitamos*, Él derrama de nuevo esos aspectos suyos en nosotros.

Es por eso que cuando necesites más de Dios en tu vida (como, por ejemplo, más de su amor,

Por lo que la mayoría de los chicos están agradecidos

- Por mamá y papá
- Por Jesús que me salva
- Por los alimentos que como
- Por mis familiares
- Por mis amigos
- Por mi hogar
- Por mis mascotas
- Por mi iglesia
- Por la época de Navidad
- Por mi maestra preferida
- Por el campo
- Por el mar y las playas

su paz, su presencia o su poder), ve a Él y alábalo. Pasa tiempo adorándolo y dándole gracias por todo lo que se te ocurra. Entonces Él derramará esas cosas en tu vida. No piensas en lo que estás recibiendo; piensas en cuánto amas a Dios y en por qué quieres darle gracias.

Cuando adores a Dios, Él te ablandará el corazón. Te dará un mayor sentido de su amor. Te hará más dispuesto a recibir todo lo que tiene para ti. Te aclarará más la mente. Te refrescará y fortalecerá. Te aumentará la fe y te dará paz. Te elevará por encima de las cosas que te molestan en la vida. Te ayudará a entender quién quería que fueras cuando te hizo.

¿Por qué estás agradecido a Dios?

¿Por qué estás agradecido en tu vida hoy? Haz una lista de diez cosas por las que más agradecido estás a Dios:

1.

2.

3.

4.

5.

6.

7.

8.

9.

10.

Cuando pienses en otro motivo de darle gracias a Dios, añádelo a esta lista.

Que tengas gratitud y un corazón agradecido hacia Él es lo que Dios quiere de tu vida. La adoración y la alabanza te ayudan a crecer en tu relación con Él. Tendrás una mejor actitud hacia la vida y hacia otras personas. Nada cambiará más rápido tu actitud y tu vida que alabar a Dios. Y pasa en el momento mismo en que lo estás haciendo.

¿Por qué debemos alabar a Dios aun cuando las cosas van mal?

Parece raro alabar a Dios y darle gracias cuando las cosas andan mal, ¿no es así? Sin embargo, eso es lo mejor que puedes hacer. Cuando tú alabas a Dios durante los tiempos difíciles estás diciendo: *«Dios es bueno aun si las cosas en mi vida son malas. Dios es estupendo aun si mi vida no es tan estupenda en este momento. Dios es poderoso, aun cuando me siento débil. Como Dios está a cargo de mi vida, algo bueno saldrá de esto malo que pasó. Así que pase lo que pase, yo voy a alabar a Dios»*.

Cuando tú tienes ese tipo de actitud, incluso en medio de tiempos difíciles, no hay nada que Dios no pueda hacer en tu vida.

He aquí una tarea importante que tengo para ti. Prueba esto y mira lo que pasa. Cada vez que te ocurra algo malo o temible, dile las siguientes palabras de alabanza y acción de gracias a Dios:

> Señor, te doy gracias en medio de esta situación. Tú eres santo y maravilloso. Tú eres todopoderoso, y nada es demasiado difícil para ti. Tú eres el Creador de todas las cosas y el Rey del universo. Te alabo, te adoro y te doy gracias por todo lo que eres y todo lo que me has dado. Te amo. Tú eres un Dios bueno, y te doy gracias porque

sacas algo bueno de todo lo que pasa en mi vida. Gracias porque tú eres mayor que cualquier cosa que enfrente.

> **Lo que más le agradecen a Dios los chicos**
>
> - Él está alrededor de mí.
> - Él me protege.
> - Él sana a las personas.
> - Él me ama pase lo que pase.
> - Él contesta mis oraciones.
> - Él me consuela cuando estoy triste.
> - Él es mi amigo.
> - Él es real.
> - Él nunca me abandona.
> - Él tiene un propósito con mi vida.

Tú puedes incluir también otras palabras de alabanza y adoración que se te ocurran. Sigue alabando a Dios así todos los días, y observa lo que Dios hace en ti y en tu vida. Ve si algo no cambia para bien.

Las cosas cambian cuando alabas a Dios porque Él vive entre la alabanza de su pueblo. Él dice eso en su Palabra (Salmo 22:3, RV-60). Eso significa que su presencia entra en nuestra vida de una manera mayor cuando lo alabamos. Así que cada vez que digas palabras de alabanza a Dios, su presencia está contigo de una forma más poderosa que antes. Y en su presencia cambian las cosas. ¡Siempre! Cambia tu actitud. Cambia tu corazón. Cambian tus sentimientos. Cambia tu situación. Y los cambios son siempre para bien. La vida mejora cada vez que alabas a Dios.

Dios quiere que lo ames

A los padres les encanta darles cosas buenas a sus hijos. A tus padres les encanta darte alimentos, un buen hogar para vivir y la mejor vida que puedan proveerte. Quieren protegerte y ayudarte a aprender cosas. Quieren cuidarte cuando estás enfermo, y guiarte por el buen camino. Ellos hacen todo esto porque te aman. Pero no quieren que vayas a ellos *solo* cuando quieres dinero o cosas.

Aunque disfrutan al darte esas cosas, esperan que desees estar *con* ellos solo porque los amas.

Lo mismo ocurre con Dios. Él quiere que a veces solo vayas a Él porque lo amas y quieres estar a su lado. Y desea que le *digas* cuán grande piensas que es y cuán agradecido estás por todo lo que ha hecho por ti. Cuando le dices a Dios lo mucho que lo amas, Él derrama su amor en ti. Y eso hace que te sientas bien de verdad.

a Dios

Querido Señor, te alabo por lo que eres. Tú eres mi Creador, mi Salvador, mi Sanador, mi Paz, mi Señor, mi Padre, mi Amigo, mi Proveedor, mi Protector, mi Luz, mi Consolador, mi Refugio y mi Esperanza. Te alabo porque eres mayor que cualquier persona y que cualquier cosa en el universo. Gracias por tu paz, tu amor, tu verdad, tu delicadeza y tu bondad. Gracias, Señor, por enviar a Jesús a salvarme. Gracias, Jesús, porque viniste y moriste por mí. Gracias, Espíritu Santo, porque me enseñas, me consuelas y me ayudas en todas las cosas que hago. Gracias, Señor, por tu fortaleza y poder. Te adoro y te doy gracias porque eres el Dios de amor y porque me amas a mí. Yo te amo también. Oro en el nombre de Jesús.

Querido Señor, las otras cosas por las que quiero orar hoy son…

LA PALABRA DE DIOS **para mí**

Den gracias a Dios en toda situación,
porque esta es su voluntad
para ustedes en Cristo Jesús.

1 Tesalonicenses 5:18

YO HABLO CON DIOS
sobre mi futuro y mi propósito

¿Sabías que Dios tiene un propósito importante con tu vida? ¿Sabías que Él te creó para algo especial? ¿Sabías que Él puso dones y talentos especiales en ti por esas razones? Pues bien, así es. Tú tienes habilidades especiales que quizá no puedas verlas todavía, y Dios va a usarlas para sus propósitos y su reino en esta tierra.

No importa si *tú* no ves tus dones ahora mismo. Y no importa tampoco si *otra persona* no los ve todavía. *Dios* los ve y Él los hará visibles en ti. Se irán revelando cada vez más con el paso del tiempo.

Cuando los chicos no comprenden que tienen un propósito importante, cuando son adolescentes vagabundean, se meten en problemas y no usan con sabiduría su tiempo. Cuando no se dan cuenta que los crearon para grandeza, luchan por ser como los demás. Tratan de ser algo que no son. Entonces llegan a criticarse ellos mismos si no viven algunas normas que se han impuesto. Andan de un sitio para otro sintiéndose que no son tan buenos como los demás, y eso los hace inseguros y demasiado sensibles. A cada momento tienen que enfocarse en ellos mismos y en lo que creen que *deben* ser, en lugar de darle gracias a Dios por *hacerlos* como Él quiere que sean. Toman malas decisiones debido a que no se dan cuenta que los hicieron para algo grande.

Dios no quiere eso para ti. Quiere que tengas una visión clara de para qué te creó. Quiere que conozcas tus dones y talentos, y cómo desarrollarlos. Eso no quiere decir que tú los conocerás todos hoy, o la próxima semana, o el año que viene, o incluso de aquí a cinco años. Sin embargo, mientras más rápido comiences a orar por eso, más pronto tendrás alguna idea sobre el propósito de tu vida y sobre cuáles son tus dones y habilidades.

> **Lo que oran los chicos**
>
> *Querido Señor, a veces parece que todo el mundo tiene un talento o un don, excepto yo. No veo nada en lo que sea buena. ¿Me podrías mostrar cuáles son mis dones y me ayudarías a ser buena de verdad en algo?*
>
> Jessica (once años de edad)

Cómo reconoces tus dones y talentos

Tú eres todavía muy pequeño, y cada día te desarrollas como persona. Todos tus dones y talentos no se revelarán por completo en los próximos años, así que no te impacientes. Tus talentos y dones ya están dentro de ti; solo que lleva tiempo revelarlos y desarrollarlos. He aquí algunas maneras en que puedes comenzar a decir cuáles son tus dones y talentos. Responde estas cuatro preguntas y observa lo que te revelan tus respuestas.

1. *¿Te elogia muy a menudo la gente en algo?* _____. Puede ser algo que *haces, construyes, eres* o cómo te *ves* o *actúas*. Cuando

la gente te elogia, presta atención. Significa que tienes un talento para algo. No importa lo que sea. Puede ser algo tan sencillo con ser una persona amable. O una persona responsable. O ayudadora. O ser organizada. Sea lo que sea, no todo el mundo tiene esas habilidades. A alguien que tenga una personalidad agradable, y que sea responsable, ayudadora y organizada, Dios lo puede usar con poder y de muchas maneras.

Pregúntale a Dios si alguna de las cosas por las que te elogian es algo que Él quiere usar para su gloria. Pídele que te muestre si tú necesitas esforzarte en eso y desarrollarlo aun más. Cuando recibas una respuesta positiva de la gente en algo que puedes hacer, es probable que sea una señal de que ese es uno de tus dones.

Anota cuatro cosas por las que alguna vez te elogiaron. Pídele a Dios que te muestre cómo puede usar esas cosas para su gloria.

1.

2.

3.

4.

2. ¿Hay algo que te gusta hacer, y que disfrutas mucho haciéndolo, que lo harías ya sea que te pagaran o no? _____. Eso es lo que siento al escribir. Me encanta escribir. Preferiría escribir a hacer cualquier otra cosa en la tierra. Yo acostumbraba a escribir en cada lugar al que iba. Escribía desde que podía sostener un lápiz y sabía cómo deletrear algunas palabras. Yo siempre quiero escribir. Y seguiría escribiendo, aun si nadie me pagara por hacerlo. (No se lo digas a mi editor. Él no tiene que saberlo).

Todo lo que te gusta hacer, lo harás bien. Pondrás todo el tiempo y energía en hacerlo que te sea posible.

Anota ocho cosas que te encanta hacer. Pídele a Dios que te muestre cómo puede usarlas para sus propósitos:

1.
2.
3.
4.
5.
6.
7.
8.

3. *¿Hay algo que haces en lo que te parece que sobresales?* _____. No tiene necesariamente que gustarte, sino que es algo en lo que al parecer logras buenos resultados cada vez que lo haces. Puede ser algo de matemática, atletismo, cocina, jardinería, arreglar cosas, limpiar cosas, separar cosas y juntarlas de nuevo, recordar cosas o ser capaz de memorizar o leer bien.

Anota seis de las cosas que haces bien. Sé generoso contigo mismo. Pon en la lista *cualquier cosa*, aun si no crees que sea algo del otro mundo, ni que sea importante. Nunca se sabe cómo Dios puede usar ese talento para su reino.

1.
2.
3.
4.
5.
6.

4. *¿Te puso Dios algo en el corazón sobre cierta cosa que Él quiere que hagas algún día?* _____. A veces soñará algo que te gustaría hacer cuando crezcas. Pídele a Dios que te muestre si ese sueño es de Él o no. Si es de Él, va a suceder. Si no lo es, quizá solo sea un sueño divertido que tienes ahora mismo.

Mi hijo acostumbraba tener el sueño de que quería diseñar montañas rusas cuando creciera. Christopher también tenía un gran talento para la música. Como se comprobó, Dios quería que Christopher usara su talento para la música, así que él ahora es músico, compositor y productor de discos. Dios le dio a Christopher el talento de la música para que lo usara para su gloria. Sus ideas de montañas rusas solo fueron un divertido pasatiempo y algo para soñar. Es bueno saber la diferencia. Así no pasarás años corriendo tras algo que al final no termines haciendo.

La mejor manera de descubrirlo es preguntarle a Dios lo que Él quiere que hagas cuando crezcas. No tienes que tener la respuesta enseguida, pero es bueno preguntarlo ahora. Así, cuando llegue el momento de tomar algunas decisiones en tu vida, serás capaz de tomarlas bien. Esto no es un asunto para que te preocupes del todo. Es solo algo para que te des cuenta. Dios les habla a los chicos sobre el propósito y plan que tiene con sus vidas, y es mejor que comiences a escucharlo lo antes posible.

Dios respondió mi oración

Le pedí al Señor que me ayudara a hacer un buen trabajo en mi proyecto de la clase. Era un proyecto largo y llevaba mucho trabajo, pero logré usar mi talento como artista. La maestra me dio una «A» y escribió «excelente» en él. Dijo que yo puedo dibujar y pintar muy bien. Espero mejorar en esto y quizá lo use en el trabajo que haga algún día.

Jonathan (once años de edad)

Dios te creó para que hagas grandes cosas para Él

Dios te creó con un propósito especial. Eso quiere decir que tiene en mente algo especial para que hagas con tu vida. Dice que ni te imaginas lo maravilloso que es el futuro que tiene para ti. Dice que ni siquiera te puedes imaginar cuán fantástico va a ser tu futuro (1 Corintios 2:9).

Dios te ha llamado a hacer grandes cosas. Es posible que todavía no sepas cuáles son. Pero si eres sensible al Espíritu Santo que habla a tu corazón cuando oras a Dios, te guiará hacia lo que tiene para ti.

Dios dice que si te humillas bajo su poderosa mano, Él te exaltará a su debido tiempo (1 Pedro 5:6). Eso quiere decir que si aprecias tus dones, y siempre reconoces que tus talentos son dones de Dios y nunca presumes de ellos, Él te elevará y algún día reconocerás tus habilidades. Otras personas verán tus dones y los apreciarán.

Dios también dice que quiere usarte a ti y tus dones, talentos y habilidades para ayudar a otras personas. Ese es uno de tus principales propósitos en la tierra. Él te mostrará *cómo* hacerlo y te mostrará *cuándo* hacerlo. Mientras tanto, ayuda a otros y sé amable y amoroso con ellos, pues esto es algo que siempre agrada a Dios. Y si puedes usar tus dones para ayudar a otros ahora, ¿qué mejor cosa puedes estar haciendo?

Solo recuerda acercarte a Dios para hablar con Él todos los días en oración. Él te ayudará a hacer lo que tengas que hacer, y te llevará a donde necesites ir.

MI ORACIÓN
a Dios

Querido Señor, gracias porque tienes un gran propósito y un plan para mi vida. Gracias porque me has dado cada don y talento que necesito para ver que se lleve a cabo tu plan. Gracias porque no tengo que *hacer* que pase. Solo tengo que mirarte a *ti* para lograr que pase. Muéstrame cómo desarrollar esos dones y talentos. Ayúdame a sobresalir en las cosas que quieres que yo haga. Pongo mi futuro en tus manos y te ruego que lo bendigas. Te lo pido en el nombre de Jesús.

Querido Señor, las otras cosas por las que quiero orar hoy son…

LA PALABRA DE DIOS
para mí

«Yo sé muy bien los planes que tengo
para ustedes —afirma el SEÑOR—,
planes de bienestar y no de calamidad,
a fin de darles un futuro y una esperanza.
Entonces ustedes me invocarán,
y vendrán a suplicarme,
y yo los escucharé. Me buscarán y me
encontrarán, cuando me busquen
de todo corazón».

Jeremías 29:11-13

Mi

Diario
de Oración

Antes en este libro hablé de cómo puedes llevar un diario de oración. Pensé en poner uno pequeño aquí al final de este libro para que comiences.

Espero que disfrutes anotando tus oraciones a Dios y escribiendo sus respuestas. Si tienes que esperar un poco por las respuestas, eso está bien. Él te escucha en el momento en que oras, aun si la respuesta no llega enseguida. A Dios le encanta cuando hablas con Él de corazón.

MI ORACIÓN A
Dios

_____

_____

_____

_____

_____

CÓMO DIOS respondió mi oración

_____

_____

_____

_____

_____

_____

MI ORACIÓN A Dios

_____
_____
_____
_____
_____
_____

CÓMO DIOS respondió mi oración

_____
_____
_____
_____
_____
_____
_____

MI ORACIÓN A Dios

_____
_____
_____
_____
_____
_____

CÓMO DIOS respondió mi oración

_____
_____
_____
_____
_____
_____
_____

MI ORACIÓN A Dios

_____
_____
_____
_____
_____
_____

CÓMO DIOS respondió mi oración

_____
_____
_____
_____
_____
_____
_____

MI ORACIÓN A Dios

_____
_____
_____
_____
_____
_____

CÓMO DIOS respondió mi oración

_____
_____
_____
_____
_____
_____
_____

MI ORACIÓN A Dios

_____

_____

_____

_____

_____

_____

CÓMO DIOS respondió mi oración

_____

_____

_____

_____

_____

_____

_____

MI ORACIÓN A Dios

_____
_____
_____
_____
_____
_____

CÓMO DIOS respondió mi oración

_____
_____
_____
_____
_____
_____
_____

MI ORACIÓN A Dios

_____
_____
_____
_____
_____

CÓMO DIOS respondió mi oración

_____
_____
_____
_____
_____
_____
_____

MI ORACIÓN A Dios

CÓMO DIOS respondió mi oración

MI ORACIÓN A Dios

_____

CÓMO DIOS respondió mi oración

_____

MI ORACIÓN A Dios

_____
_____
_____
_____
_____

CÓMO DIOS respondió mi oración

_____
_____
_____
_____
_____
_____

MI ORACIÓN A Dios

_____
_____
_____
_____
_____
_____

CÓMO DIOS respondió mi oración

_____
_____
_____
_____
_____
_____
_____
_____

MI ORACIÓN A Dios

_____
_____
_____
_____
_____
_____

CÓMO DIOS respondió mi oración

_____
_____
_____
_____
_____
_____
_____

MI ORACIÓN A Dios

_____
_____
_____
_____
_____
_____

CÓMO DIOS respondió mi oración

_____
_____
_____
_____
_____
_____
_____
_____

MI ORACIÓN A Dios

_____

_____

_____

_____

_____

CÓMO DIOS respondió mi oración

_____

_____

_____

_____

_____

_____

MI ORACIÓN A Dios

_____
_____
_____
_____
_____
_____

CÓMO DIOS respondió mi oración

_____
_____
_____
_____
_____
_____
_____

MI ORACIÓN A Dios

_____
_____
_____
_____
_____
_____

CÓMO DIOS respondió mi oración

_____
_____
_____
_____
_____
_____
_____